ZWILLINGE *das Magazin*

Das Mitmach-Magazin für Zwillings- & Drillingseltern

Band 24
Januar/Feburar 2017

Bibliografische Information der Deutschen Nationalbibliothek:
Die Deutsche Nationalbibliothek verzeichnet diese Publikation in der Deutschen Nationalbibliografie;
detaillierte bibliografische Daten sind im Internet über www.dnb.de abrufbar.

© Marion von Gratkowski
Postfach 40 11 11
D-86890 Landsberg
Tel. 0049-(0)8344-809 95 61
info@twins.de
www.twins.de
www.zwillingemachenkriegenhaben.de
Redaktion: Marion von Gratkowski
Titelfoto: Familie Herrmann
Fotos & Texte: Privat
Herstellung & Verlag: BoD - Books on Demand, Norderstedt
1. Auflage Januar 2017
ISBN 978-3-743166-33-2

INHALT & IMPRESSUM

2 Impressum

3 Inhalt

4 Editorial

6 Leserbriefe

8 Schwangerschaft: Reduktion & Fetozid bei einer Fünflingsschwangerschaft

11 Mitmachen lohnt sich: So kommen Ihre Beiträge in unser Heft

13 Frühchen: Da liegt noch viel im Argen!

16 Babyschwimmen

19 Messe Kinderwunsch

20 Schnelle Tipps: praktische Ideen für Zwillingseltern von Zwillingseltern

22 Basteln mit Bügelperlen

24 Wir malen Eulen ans Fenster

26 Hasenbasteln mit den Kleinsten

27 Ein Reiselaufstall = Bettchen für unterwegs

28 Geburtstagsparty zum „Fünften" mit Grillen im Winter

30 Lustige Spiele für die Faschingsparty

33 Meine Zwillinge - schon drei Jahre alt

34 Zwillingsväter melden sich zu Wort - eine Buchbesprechung

36 Zwillingsväter Heute: wie sie helfen und für ihre Familien da sind

40 Plötzlich alleinerziehend mit Zwillingen: Humor behalten!

41 Das Wampel rettet die Phantasie

42 Fotoparade: Endlich Schnee!

44 Wie soll das Kind heißen?

46 Rezept: Was machen wir aus übriggebliebener Schokolade?

48 So klappte unser Kindergartenstart fast reibungslos

50 Hochbegabung: Fluch oder Segen?

54 Workingmom: So organisiere ich Haushalt und Familie

58 Urlaub auf dem Bauernhof: die schönsten Bauernhöfe werden prämiert

62 Unser Blog für Euch: zwillinge machen kriegen haben

64 ZWILLINGE - DAS MAGAZIN: diese Hefte gibt es noch

ZWILLINGE - DAS MAGAZIN Ausgabe Januar/Februar 2017 Nr. 24

7,99 Euro

bestellbar auf www.twins.de

EDITORIAL & BEZUGSBEDINGUNGEN

Liebe Leserinnen, liebe Leser, liebe Zwillings- und Drillingseltern,

das erste Mal begrüße ich Sie herzlich in dem neuen Format, das die bisherige Zeitschrift ZWILLINGE fortan ablösen wird. Seit 2013 haben wir schon mit einer ZWILLINGE-Version im books-on-demand-Verfahren experimentiert. Jetzt wird dieses Verfahren die bisherige Zeitschrift, wie sie fast 30 Jahre lang bestanden hat, komplett ablösen. Was bedeutet das?

Constantin (von links), Nicolai, Maximilian und Marion von Gratkowski

Die Zeitschrift ZWILLINGE wurde im März 1988 zum ersten Mal herausgegeben. Als Mutter damals vierjähriger Zwillinge und Autorin wollte ich nach dem amerikanischen Vorbild TWINS Magazine einen aktuellen Lesestoff für Zwillings- und Drillingseltern in deutscher Sprache anbieten. Unerwartet schnell wuchs unsere kleine Auflage von 1.000 Exemplaren auf 2.000, später auf fast 5.000 Hefte an. ZWILLINGE war eine absolute Marktlücke und seine Leserinnen und Leser froh, sich endlich bundesweit und im deutschsprachigen Raum austauschen zu können. Zunächst erschien ZWILLINGE viermal pro Jahr, dann bald sechsmal, zehnmal und bis zuletzt (letztes Heft = Januar 2017) zwölfmal pro Jahr, also monatlich.

Das Konzept der Zeitschrift ZWILLINGE sah vor, dass hier die „wahren" Experten zu Wort kommen sollten, nämlich die Zwillings- und Drillingseltern selbst. Begeistert schickten uns viele Leserinnen (weniger die männlichen Leser) ihre persönlichen Erfahrungen und Fotos aus ihrem Alltag mit Zwillingen und Drillingen. Endlich konnten sie nicht nur ihre guten Ideen loswerden, sie konnten auch von den praxiserprobten Tipps anderer Leser profitieren.

Nicht immer ist dieses Konzept bei allen Lesern angekommen. Manche stellten sich eher ein auf Zwillinge getrimmte Elternzeitschrift vor. Nichts gegen andere Elternzeitschriften - aber als kleiner Verlag einer Zwillingsfamilie konnten (und wollten) wir dies nicht leisten.

Und es bleibt dabei: ZWILLINGE - DAS MAGAZIN, wie die neue Version jetzt heißt, bleibt ein Mitmach-Magazin für seine Leserinnen und Leser. Wie Sie mitmachen können, steht hier auf Seite 11.

Was ist jetzt anders? ZWILLINGE - DAS MAGAZIN wird zweimonatlich erscheinen. Es wird in etwa so viel Text enthalten, wie zwei Hefte des bisherigen ZWILLINGE. Möglich ist das, in dem wir einfach Seiten weglassen, die das bisherige ZWILLINGE „aufgebläht" haben. Es wird weniger Leserbriefe geben, keine Terminankündigungen, weniger reine Fotoseiten usw.

ZWILLINGE - DAS MAGAZIN wird nicht mehr in einer großen Auflage hergestellt und verschickt, sondern in der Auflage der Zahl der Leserschaft angepasst. 100 Leser = Druck 120 Exemplare. 50 Leser = 60 Exemplare. Sozusagen: 1 Leser = 1 Exemplar im Druck.

Die Abonnements sind jetzt jederzeit kündbar und auch Einzelhefte kann man wie bisher bestellen. Mehr über die Bezugsbedingungen hier unten.

Neu ist auch, dass ZWILLINGE - DAS MAGAZIN mehr einem einfachen Buch ähnelt, also einen festen Einband hat. So lässt es sich leichter aufbewahren und archivieren, um immer wieder einmal zur Hand genommen zu werden. Eine E-Book-Version wird es nun doch nicht (mehr) geben, da sich gezeigt hat, dass die Leser eine richtige Zeitschrift vorziehen.

Wie bisher wünschen wir uns einen guten Kontakt zu unseren Leserinnen und Lesern. Scheuen Sie sich nicht, sich bei uns zu melden. Unsere Internetseite www.twins.de bleibt bestehen und auch unsere E-mail-Adresse: info@twins.de.

Viel Spaß beim Lesen - Ihre/Eure Marion von Gratkowski

Was finde ich jetzt wo, wenn es hier nicht steht?

- Termine & Veranstaltungen finden Sie ab sofort auf unserer Internetseite www.twins.de
- Eine Übersicht über unser komplettes Buchprogramm finden Sie ebenfalls auf unserer Homepage unter www.twins.de
- Auch all die Hefte der bisherigen Zeitschrift, die man sich noch bestellen kann, sind unter www.twins.de zu finden.
- Neuerungen werden auch auf Facebook auf unserer Seite „zeitschrift zwillinge" bekannt gegeben.

Es lohnt sich also immer, auch einmal einen Blick auf unsere Homepage zu werfen oder einfach den newsletter auf www.twins.de zu abonnieren, da wir Sie dann immer einmal wieder mit unseren Neuerungen bekannt machen.

BEZUGSBEDINGUNGEN:

- ZWILLINGE - DAS MAGAZIN löst unsere bisherige Zeitschrift ZWILLINGE ab.
- Erscheinungsweise: zweimonatlich.
- Erscheinungstermine sind: 30. Januar 2017, 27. März 2017, 29. Mai 2017, 31. Juli 2017, 25. September 2017 und 27. November 2017 (unter Vorbehalt).
- Das Magazin kann einzeln oder im Abonnement bezogen werden.
- Einzelhefte kosten 7,99 Euro plus Porto 1,- Euro.
- Abonnements gelten bis auf Widerruf und sie können von Heft zu Heft gekündigt werden.
- Die Kündigung muss schriftlich erfolgen per E-mail an info@twins.de oder per Brief (KEIN Einschreiben!!!) an unsere Adresse: ZWILLINGE, Postfach 40 11 11, D-86890 Landsberg am Lech.
- Im Moment wird jedes im Abonnement zugeschickte Heft einzeln berechnet.
- Die Rechnung liegt der Lieferung bei. Vielleicht ändern wir das demnächst. Wir sind noch in der Testphase.
- Unsere Bankverbindung: Hypovereinsbank Landsberg, Lutz von Gratkowski, IBAN: DE77 7202 0070 6110 3155 60, SWIFT-BIC: HYVEDEMM408
- Zahlung per Paypal geht in Verbindung unserer E-mail-Adresse.
- Alle Rechte für den Inhalt liegen bei Marion von Gratkowski, Postfach 40 11 11, D-86890 Landsberg.
- Unsere Internetpräsenz: www.twins.de, E-mail: info@twins.de
- Etwas unklar: Tel. 08344-809 95 38.

LESERBRIEFE - Euer Kontakt zur Redaktion

Briefe an die Redaktion

Eigentlich wollten wir die Rubrik „Leserbriefe" weglassen. Aber es wäre doch schade, wenn unsere Leserinnen und Leser keinen Beitrag mehr kommentieren dürften. Also - einigen wir uns darauf, nur zwei Seiten (statt bisher vier) zu veröffentlichen.

Familie J. aus Frankfurt hat sich für einen Trostpreis (ein Weihnachtsbuch) bedankt, als sie unser Gewinnspiel leider nicht gewonnen hat.
Liebe Zwillings-Redaktion, wir sind eine Familie aus Frankfurt (Main) und sagen „Danke!" für das tolle Trostpreis-Buch aus dem letzten Gewinnspiel! Das war eine schöne Überraschung!
Seit Februar 2015 sind wir zu viert: Die Zwillinge Katharina und Clara-Marie mit Papa Marcel und Mama Sieglinde. Ihre Zeitung lesen wir seit Januar 2016 und auch die Mädels blättern gerne mit. Schon in der Schwangerschaft habe ich Ihren Zwillingsratgeber gelesen und stelle immer wieder fest, wieviel doch übereinstimmt bzw. wie mir diverse Tipps halfen und helfen. Und mit Ihrer Zeitschrift geht es uns auch so - schön, dass es sie weiterhin geben wird!
Viele Ideen für Beiträge schwirren durch unsere Köpfe und wir wollen sie auch gerne umsetzen, so es eben im Zwillingsalltag geht!
Also nochmals vielen Dank für das Buch und Ihre Zeitung und bis bald!

Katharina G. hatte schon die bisherige Zwillingszeitschrift abonniert. Sie macht mit ZWILLINGE - DAS MAGAZIN weiter und schreibt uns, warum.
Hier endlich meine Abobestellung für das neue Heft. Es tut mir sehr leid, dass Sie es nicht so wie früher weiter führen können... werde sehnsüchtig auf die neue Ausgabe alle zwei Monate warten. Es gibt immer so viele Ideen, Tipps und einfach Erfahrungen zu le-

Familie J. findet sich in vielen Themen wieder. Jetzt überlegen sie, was sie beisteuern können aus den eigenen Erfahrungen. Da freuen wir uns drauf (siehe Tipps auf Seite 20).

sen, so dass man sich oft gleich viel besser fühlt in dem oft turbulenten Zwillingsalltag ...wie viele andere Leserinnen lege ich mir das neue Heft immer gleich bereit und warte auf einen „ruhigen" Moment, um die neuesten Zwillingsberichte, Buchvorstellungen, Rezepte und vor allem die Kolumne von Frau Eder zu genießen! Ihr ein ganz besonderes Lob, sie versteht es so wunderbar, positiv aus dem Zwillingsleben zu berichten! Unsere Jungs sind fast so alt wie ihre Mädels und ich schöpfe immer richtig Kraft aus ihren ehrlichen Worten! Sei es das Thema im Elternbett schlafen oder die Tränen beim Kindergartenbeginn...es tut unheimlich gut, diese aufrichtigen Schilderungen zu lesen und zu spüren, ja, es ist doch gut, wie du es machst, auch andere Eltern haben eine ähnliche Sichtweise und Erziehungsmethode.

Das meint die Redaktion: Sigrun Eders Kolumne über den Alltag mit ihren eineiigen Zwillingen Astrid und Janna fällt diesmal leider aus, weil sie nicht rechtzeitig kam. Zwillingsmama Sigrun macht in der nächsten Ausgabe weiter ...

Es lohnt sich, an unseren Gewinnspielen teilzunehmen ... und das jetzt noch mehr, wie man an Familie K. aus Ingolstadt sieht (rechts oben).
Familie K. lässt kein Gewinnspiel aus. So hat die Zwillingsfamilie schon ein Auto gewonnen, einen Werbevertrag mit einer Großbäckerei, einen Einkaufsbummel in einem Ingolstädter Einkaufszentrum und kürzlich auch ein Zwillingssweatshirt und nicht zu vergessen, die Kinderbettwäsche von Aminata.

Bente M. ist froh, dass sie sich dank unserer Zeitschrift nicht so alleine fühlt.
Meine Zwillinge Mads und Silje werden nun am Sonntag schon zwei Jahre alt und Ihr Heft

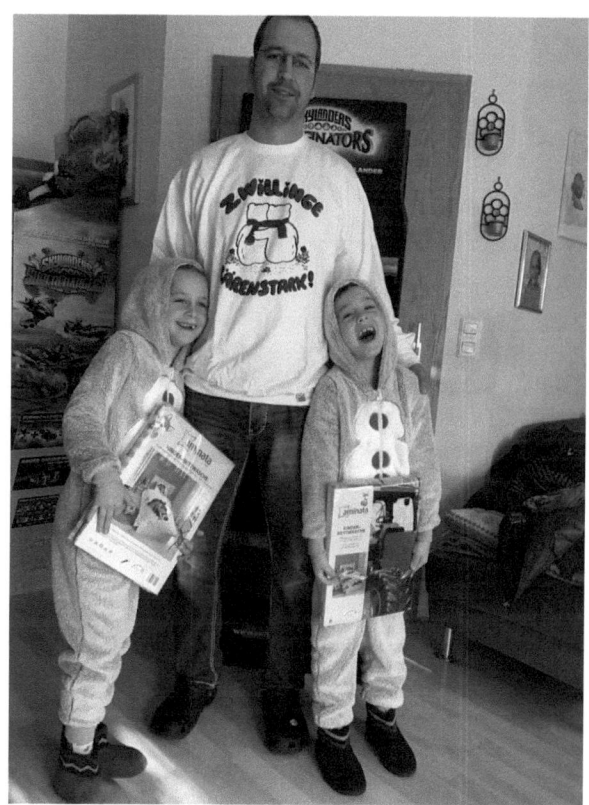

Die Zwillinge Leonie (links) und Leon freuen sich über die tolle Kinderbettwäsche von Aminata. Und der Papa trägt das gewonnene Zwillings-Sweatshirt.

war mir die ganze Zeit ein schöner Begleiter. Ich habe mich immer sehr über die Zeitschrift in der Post gefreut und sehr gerne die Texte gelesen. Mit vielen Fragen fühlte ich mich nicht mehr so allein und es tat gut, zu wissen, dass es noch woanders Eltern gibt, die dieselben Fragen, „Sorgen", Probleme und Herausforderungen zu lösen oder besondere Glücksmomente haben. Es ist eben doch etwas anderes, Zwillinge zu haben! In jeder Hinsicht!
Ich bedanke mich herzlich bei Ihnen für all die Arbeit, die Sie auf sich genommen haben, um mich als Zwillingsmutter zu unterstützen oder schlicht, um mir die Freude mit der Zeitschrift zu geben. Danke schön!

SCHWANGERSCHAFT & GEBURT

Die etwas andere Zwillingsschwangerschaft

Viele Eltern helfen dem Glück heutzutage etwas nach. Wenn sie dabei an verantwortungslose Reproduktionsmediziner geraten, dann bleibt nicht nur die Information auf der Strecke. Im schlimmsten Fall kommt es zu einer höhergradigen Mehrlingsschwangerschaft. Die Verfasserin des nachfolgenden Beitrages erwartete statt eines Babys oder Zwillingen plötzlich Fünflinge. Sie wollte weder die medizinischen, noch finanziellen Belastungen tragen und so entschloss sie sich zu einer Reduktion. Sie möchte anonym bleiben.*)

Als mein Mann und ich beschlossen, zu heiraten, wurde bei mir der bis dahin unterdrückte Kinderwunsch wieder akut. Wir beschlossen also die Pille abzusetzen und dachten die Zeit würde es bringen. Unser Hochzeitstermin sollte im Sommer sein und bis dahin haben wir ja jede Menge Zeit. Wie viel Zeit wir noch hatten, ahnten wir natürlich nicht.

Viele Eltern in der Kinderwunschpraxis.

Als sich Weihnachten im Jahr darauf immer noch kein Nachwuchs angekündigt hatte, entschlossen wir uns, professionelle Hilfe in Anspruch zu nehmen. Wir merkten anhand des meist überfüllten Wartezimmers der Kinderwunschpraxis, dass wir anscheinend kein Einzelfall waren.

In einem Aufklärungsgespräch wurde uns nur kurz gesagt, dass es in „einzelnen" Fällen zu Mehrlingsschwangerschaften kommen kann. Die wahren Konsequenzen wurden uns allerdings nicht erklärt.

Wir dachten, Zwillinge sind doch ok. Dass es unter Umständen noch mehr Mehrlinge werden könnten, damit haben wir in unserer Naivität nicht gerechnet. Dann wurden erst einmal eingehende Untersuchungen bei mir und meinem Mann durchgeführt, bis fest stand, dass ich keinen Eisprung hatte.

Im März wurde mit der ersten Hormontherapie begonnen, die auch gleich ein „Volltreffer" wurde. Zwei Wochen nach dem errechneten Eisprung wurde anhand einer Blutuntersuchung festgestellt: ich war schwanger. Wir waren überglücklich, dass es gleich beim ersten Mal geklappt hatte.

Leider wurde unsere Freude kurz danach gleich wieder getrübt. Ich bekam nämlich starke Bauchschmerzen. Mein Bauch schwoll innerhalb von zwei Tagen stark an. Ich bekam Atembeschwerden, Übelkeit, Erbrechen und konnte mich kaum noch drehen oder wenden. Und dann die Diagnose: Überstimulation.

Ich musste sofort ins Krankenhaus. Dort stellte man fest, dass meine Eierstöcke übermäßig stark angeschwollen waren und ich außerdem Wasser im Bauchraum hatte. Ich musste daraufhin täglich fünf Liter Flüssigkeit zu mir nehmen und blieb eine Woche im Krankenhaus. Bei der Entlassungsuntersuchung wurde der erste Ultraschall gemacht.

Die Schocknachricht: es werden fünf!

Da kam die nächste Ernüchterung. Mit dem Satz „Es sind fünf, aber mal sehen wie viel es davon schaffen ...", machte mir die untersuchende Ärztin kurz und knapp klar, dass es sich um eine Fünflingsschwangerschaft handelte.

Ich war total am Ende. Die Tatsache an sich

war schon ein Schock. Die Art und Weise, wie man es mir sagte, tat ein Übriges. Mein Mann und ich heulten nächtelang und führten lange Gespräche, mit dem Ergebnis, dass wir maximal zwei Kinder aufziehen und ernähren könnten. Alles andere wäre über unsere finanzielle und körperliche Kraft gegangen.

Umfassende Aufklärung - Fehlanzeige!

Schweren Herzens und unter Tränen ging ich wieder in die Praxis, in der die Hormonbehandlung durchgeführt worden war. Hier fand man die Tatsache, dass ich Fünflinge erwarte, normal. Ganz offensichtlich war ich nicht die einzige Patientin, der so etwas passiert ist.
Mir wurde zu diesem Zeitpunkt das erste Mal klar, dass es in dieser Praxis eine Nebensache war, wie sich die betroffenen Paare fühlen. Eine umfassende Aufklärung und vor allem eine psychologische Betreuung fanden dort nicht statt!

Ich wurde an einen offenbar befreundeten Arzt des Praxisleiters verwiesen, der mit mir einen Termin zur Reduktion vereinbaren sollte.
Bei diesem Arzt musste ich mich erst einmal dafür rechtfertigen, überhaupt eine Hormonbehandlung mitgemacht zu haben. Er behandelte uns, als wären wir Vaterlandsverräter, weil wir uns den Wunsch nach Kindern erfüllen wollten.
Ich habe mich mit diesem Arzt gleich beim ersten Telefonat derartig gestritten, dass ich mich von ihm nicht behandeln lassen wollte. Glücklicherweise bekam ich trotzdem von diesem Herren den Tipp, mich an einen anderen Arzt im Krankenhaus zu wenden. Was ich dann auch sofort tat.

Sind wir wirklich Rabeneltern?

Dieser Arzt hat mir gleich am Telefon, nachdem er sich meine Geschichte aufmerksam

Information im Internet zur Reduktion und zum selektiven Fetozid bei Mehrlingsschwangerschaften

Bei Vierlingen und höhergradigen Mehrlingsschwangerschaften, die fast ausschließlich infolge künstlicher Befruchtung auftreten, besteht aufgrund des hohen Risikos eines Spätabortes und einer Frühstgeburt die Möglichkeit, aufgrund der medizinischen Indikation gemäß § 218 a Abs. 2 StGB eine Reduktion durchzuführen.
Das bedeutet, dass einzelne der Mehrlinge bereits im ersten Schwangerschaftsdrittel im Mutterleib getötet werden (selektiver Fetozid), um die Zahl der sich weiterentwickelnden Feten und somit die Schwangerschaftsrisiken zu reduzieren; in der Regel erfolgt in Absprache mit dem betroffenen Paar die Reduktion auf eine Zwillingsschwangerschaft. Die Entscheidung, welcher der Feten getötet wird, erfolgt durch die Ärztin oder den Arzt nach bereits erhobenen Befunden und ist von der jeweiligen Lage der Feten im Mutterleib abhängig.
Bei Zwillings- und höhergradigen Mehrlingsschwangerschaften kann es aber auch dazu kommen, dass eines der ungeborenen Kinder Fehlbildungen, Chromosomenstörungen oder Erkrankungen aufweist. Nach der Diagnose, ausführlichen Beratungen sowie der entsprechenden Indikation können sich die Eltern dann für einen selektiven Fetozid des kranken Kindes im Mutterleib aussprechen.

Quelle: www.pnd-online-de, ein Handbuch der Bundeszentrale für Gesundheitliche Aufklärung BZgA

angehört hatte, zu einem kurzfristigen Eingriff geraten.

Als ich zu meinen Termin in der zehnten Woche erschien, konnte er sich in allen Einzelheiten an unser Telefonat erinnern. Ich merkte sofort, hier bin ich nicht nur eine Patienten-Nummer, sondern hier werde ich als Person behandelt.

Unser Entschluss ist richtig und wichtig.

Der Arzt bestätigte uns, dass er unsere Entscheidung zur Reduktion aus medizinischer und sozialer Hinsicht nur befürworten konnte. Die letzte Fünflingsgeburt in diesem Krankenhaus endete damit, dass die Mutter nicht überlebt hatte und die Kinder dann getrennt zur Adoption freigegeben wurden, weil der Vater die Kinder nicht allein versorgen wollte/konnte.

Der Arzt warnte uns allerdings eindringlich, dass dieser Eingriff ein hohes Frühgeburtsrisiko verursacht, aber bei verbleibenden Zwillingen eine relativ hohe Überlebenschance besteht.

Ich vertraute diesem Arzt vom ersten Augenblick an. Also stimmten wir der Reduktion zu und schon eine Woche später hatte ich den Termin zum Eingriff. Das Team betreute mich vor, während und nach diesem Eingriff sehr liebevoll.

Regelmäßige Untersuchungen.

Allerdings sagte mir der Arzt gleich bei der Abschlussuntersuchung, dass er mich regelmäßig alle vier Wochen zur Feindiagnostik sehen möchte und ich bis zur Geburt nicht mehr arbeiten gehen sollte. Ich sollte mich unbedingt von meinem behandelnden Gynäkologen wegen des hohen Frühgeburtsrisikos krankschreiben lassen und sollte dieser das nicht tun, mich bei ihm wieder melden.

Mit dieser Nachricht kam ich in die Spezialpraxis für Sterilitätsbehandlung zurück. Der leitende Professor lachte mich fast aus und meinte, ich wäre doch nur schwanger und nicht krank.

Ich meldete mich darauf hin wieder im Krankenhaus und bekam von dort meine Krankschreibung. Danach habe ich den Professor in der Praxis gebeten, dass ich mit allen weiteren Schwangerschafts-Vorsorgeuntersuchungen in einer normalen gynäkologischen Praxis weiter behandelt werden darf. Dem stimmte er aber erst mit Abschluss der 16. Schwangerschaftswoche zu.

Im Nachhinein kann ich nur sagen, dass man sich vor Beginn einer Sterilitätsbehandlung eingehend über die jeweilige Praxis informieren sollte. Es gibt sicher auch Praxen, in denen die psychologische Betreuung der Paare dazu gehört. In unserer war das leider nicht der Fall.

Eltern sollten sich vor der Hormonbehandlung umfassend informieren!

Wir würden auch jedem betroffenem Paar raten, so viele Fragen wie möglich nach den Risiken zu stellen. Von allein erzählen einem die Ärzte vielleicht nicht alles, aus Angst, die Patienten könnten sich die Behandlung noch einmal überlegen. Wir waren jedenfalls zu blauäugig und gutgläubig.

Die restliche Schwangerschaft verlief ohne weitere Komplikationen. Unsere Zwillinge (zwei Mädchen) sind gesund geboren worden. Sie sind sehr unterschiedlich und halten zusammen wie Pech und Schwefel. Sie machen uns viel Freude und auch im Nachhinein kann ich nur sagen, dass unsere Entscheidung absolut richtig war. (anonym)

*) Natürlich respektieren wir den Wunsch nach Anonymität. Der Name der betroffenen Zwillingsmutter ist der Redaktion bekannt.

Übrigens: auch alle anderen Leserbeiträge sind nicht mit vollem Namen veröffentlicht, da Google stets einige Seiten ungefragt und ungewollt im Internet veröffentlicht.

MITMACHEN: So kommen Ihre Beiträge ins Heft

ZWILLINGE *das Magazin* - Die Mitmach-Zeitschrift für Zwillings- & Drillingseltern

So können Sie sich mit Beiträgen an ZWILLINGE *das Magazin* beteiligen: In fast 30 Jahren haben wir immer wieder festgestellt, dass die wahren Experten für Zwillings- und Drillingsthemen die Eltern sind. Viele Eltern haben darüber hinaus eine Qualifikation, die sie dazu prädestiniert, ihre Alltagserfahrungen mit anderen zu teilen. Sie sind selbst Erzieher, Lehrer oder Ärzte ... Erzieherinnen, Lehrerinnen oder Ärztinnen.

Aber auch, wenn Sie ganz einfach „nur" Zwillings- und Drillingseltern sind - Ihre Erfahrungen, die Sie machen, sind von so unschätzbarem Wert für andere, für neue und werdende Eltern, dass sie unbedingt zu Papier gebracht werden sollten. Deshalb scheuen Sie sich nicht, uns zu schreiben und einen Beitrag zu irgendeiner Situation aus Ihren Leben mit mehreren gleichaltrigen Kindern zu schicken. Ihre Erfahrungen und vor allem Ihre Tipps und guten Ideen sind gefragt.

Und so geht's: Sie schreiben - wie Ihnen der „Schnabel gewachsen" ist. Dies hier ist kein Aufsatzwettbewerb. Unsere Redaktion bearbeitet Ihren Beitrag, macht die Überschrift dazu, das Layout und formuliert die Bildunterschriften und die Zwischenüberschriften.

Ihr Beitrag sollte im Format .doc oder .docx, in „word" oder einem anderen, gängigen Schreibprogramm bei uns ankommen. Gern aber auch einfach direkt in der E-mail formuliert. Sie können Ihre Beiträge per E-mail senden an info@twins.de.

Wir nehmen aber nachwievor auch handschriftliche Beiträge, die ganz einfach per Post kommen. Unsere Adresse: ZWILLINGE, Postfach 40 11 11, D-86890 Landsberg.

Schicken Sie uns auch Ihre Fotos mit. Am besten sind ganz normale Familienfotos, wie man sie mit jeder Digicam oder einem Handy machen kann. Um die entsprechend hohe Auflösung und die Druckfähigkeit kümmert sich unsere Redaktion. Und wenn Sie uns einen großen Gefallen tun wollen: benennen Sie Ihre Fotos mit denjenigen, die darauf zu sehen sind - also zum Beispiel MaxConnySpielplatz.jpg.

Wir belohnen es, wenn Sie uns einen Beitrag schicken: Suchen Sie sich ein Buch aus

Und was bekommen Sie für Ihren Beitrag? In erster Linie natürlich helfen Sie anderen Zwillingseltern, die vielleicht noch ganz am Anfang stehen, mit ihren wertvollen Erfahrungen. Zweitens macht es auch einfach Spaß, über die eigene Familie zu schreiben und die eigenen Zwillinge in unserer kleinen Zeitschrift zu sehen.

Allerdings veröffentlichen wir Ihren Beitrag in der neuen Machart unserer Zeitschrift nicht mehr unter vollem Namen, es sei denn Sie wünschen das ausdrücklich. Der Hintergrund dafür ist, dass das neue ZWILLINGE - DAS MAGAZIN dadurch, dass es auch auf online-Portalen angeboten wird, einem größeren Leserkreis angeboten wird. Natürlich werden sich am ehesten betroffene Zwillings- und Drillingseltern für ZWILLINGE interessieren. Dennoch möchten wir jeglichem Missbrauch vorbeugen.

Übrigens: Wer einen Beitrag für unser Magazin schreibt, erhält ein Exemplar des betreffenden Magazins gratis (zur Erinnerung) oder kann sich ein Buch aus unserem Programm aussuchen. Dann kann's ja losgehen ... wir freuen uns und sind gespannt.

FRÜHGEBURT: Da liegt noch viel im Argen

Fehler im System: Frühgeborene in Deutschland

Viele Zwillings- und Drillingseltern und vor allem ihre Kinder sind von Frühgeburt betroffen. Sicher hat sich in den vergangenen dreißig Jahren, seit ich meine Zwillinge sieben Wochen zu früh bekommen habe, vieles zum Guten gewendet. Längst nicht genug: Der Bundesverband „Das frühgeborene Kind" e.V. nimmt dazu kritisch Stellung.

Der Bundesverband „Das frühgeborene Kind" e.V. zeigt sich anlässlich des heutigen Welt-Frühgeborenen-Tages (17.11.2016) besorgt über die Versorgungslage von Frühgeborenen und kranken Neugeborenen in Deutschland. „Das theoretische Wissen um die Wichtigkeit von entwicklungsfördernder und familienzentrierter Versorgung während der anfänglichen Akutphase nach der zu frühen Geburt ist zwar grundsätzlich vorhanden. Trotzdem werden Mütter auf den neonatologischen Stationen noch immer von ihren Kindern getrennt, müssen jeden Abend nach dem Ende der Besuchszeit mit leeren Händen aus der Klinik nach Hause gehen, da eine Mitaufnahme als Begleitperson oft nicht möglich ist. Noch immer müssen Eltern auch auf wertvollen Hautkontakt mit ihren Kindern bei der sogenannten Känguruh-Therapie verzichten, weil gerade niemand da ist, der Zeit hätte, beim Umlagern des Kindes vom Inkubator auf die Brust des Vaters oder der Mutter zu helfen", berichtet Barbara Grieb, Vorstandsvorsitzende des Bundesverbandes „Das frühgeborene Kind" e.V. Zudem scheitert die anerkannte Känguruh-Therapie oftmals an beengten Raumverhältnissen in den Kliniken bzw. ist nur unter großen Kompromissen durchzuführen.

Das Land leistet sich im europäischen Vergleich mit mehr als 220 die meisten Perinatalzentren, in denen kleine Patienten unter 1.500 Gramm Geburtsgewicht versorgt werden sollen (www.perinatalzentren.org). Doch nicht alle Standorte sind in der Lage, die für eine gute Frühgeborenenversorgung definierten Qualitätsziele zu erfüllen. Das belegt ein unlängst vom Institut für Qualität und Transparenz im Gesundheitswesen vorgelegter Qualitätsbericht. (https://iqtig.org/ergebnisse/qualitaetsreport/)

Nichteinhaltung von Qualitätsvorgaben

Insbesondere die Anforderung der regelhafte Anwesenheit eines Pädiaters bei Frühgeburten, der die spezialisierte Versorgung der Frühchen sicherstellen soll, wird von Stationen, die im Jahr weniger als 20 Frühchen betreuen, auffällig oft nicht erfüllt. Mehr als die Hälfte der Einrichtungen mit solch niedrigen Fallzahlen verfehlte diese Qualitätsvorgabe. Krankenhausstandorte mit mehr als 20 Fällen lassen dem Qualitätsreport zufolge nur in fünf Prozent Frühchen auch ohne anwesenden Pädiater zur Welt kommen. Experten gehen davon aus, dass Frühgeborene, die in Anwesenheit eines Pädiaters zur Welt kommen, höhere Überlebenschancen haben.

Unzureichende Ausstattung mit gut geschultem Pflegepersonal

Auch fehlt es an qualifiziertem Pflegepersonal auf vielen neonatologischen Stationen. Unter-

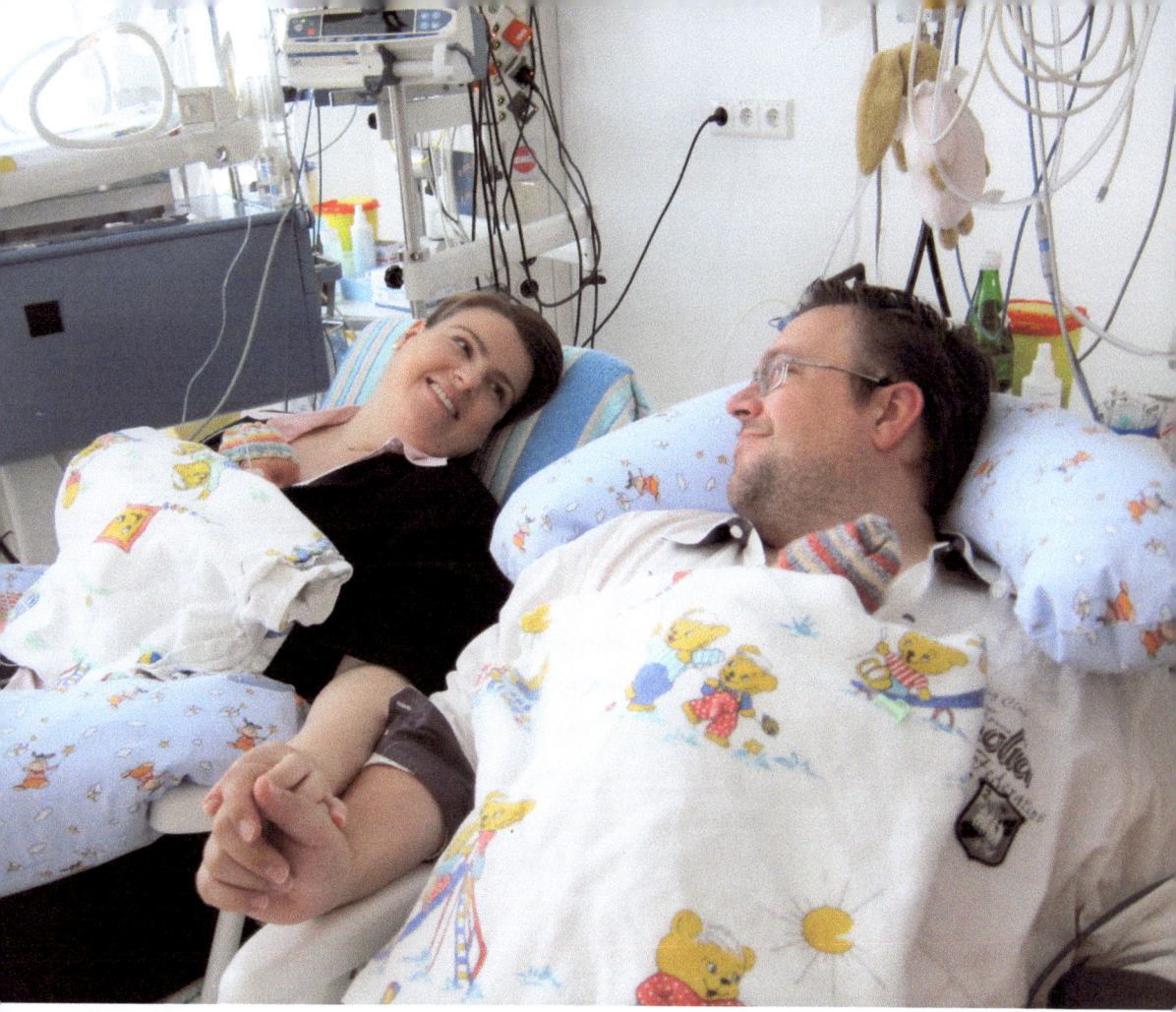

Wie wichtig es für Frühchen ist, geborgen auf Mutter und Vater liegen zu können, hat dieses Elternpaar frühgeborener Zwillingsmädchen in DAS NEUE ZWILLINGE MAGAZIN, Ausgabe 18 beschrieben.

suchungen belegen, dass die unzureichende Ausstattung mit eingearbeitetem Personal das Risiko für im Krankenhaus erworbene Infektionen mit multiresistenten Erregern ansteigen lässt.

Für Frühgeborene unter 1.500 Gramm steigt dieses Risiko nach fachlichen Erläuterungen der Arbeitsgruppe Neonatologische Intensivmedizin der Kommission für Krankenhaushygiene und Infektionsprävention (KRINKO) beim Robert Koch-Institut bereits dann erheblich an, wenn eine Pflegekraft mehr als zwei dieser kleinen Patienten versorgt. Schlimmstenfalls kostet dieser vermeidbare Umstand Kinderleben – ein unerträglicher Zustand für betroffene Familien. Daher fordert der Verband eine ausreichende qualifizierte personelle Besetzung auf den Stationen.

Falsche Vergütungsanreize

Ein weiterer Systemfehler steckt im konventionellen Vergütungsmodell für Krankenhausbehandlungen. Demnach ist ein sehr kleiner

Patient vor allem dann verhältnismäßig lukrativ, wenn er sehr krank ist, viele Untersuchungen und invasive Behandlungen durchgeführt und in der Folge abgerechnet werden können. Das steht mittlerweile im Widerspruch zu modernen Versorgungskonzepten, die darauf abzielen, Frühgeborene möglichst unbeschadet durch die kritische erste Zeit zu begleiten, besonders schonend zu behandeln und gefürchtete Komplikationen bestenfalls zu vermeiden. Das beinhaltet auch eine Reduzierung von Eingriffen und Störungen der Kinder auf das absolut notwendige Maß. Damit bleiben ihnen Schmerzen und Stress erspart, der sich nachteilig auf ihre weitere Entwicklung auswirken kann.

Fehlende Elterngeldzeit

Zudem wirkt sich der Umstand, dass die Elterngeldzeit mit dem Tag der Geburt eines Frühchens beginnt, nachteilig auf die Situation von betroffenen Familien aus. Mitunter vergehen bis zu vier Monate oder mehr, bis die Familien in der Lage sind, ihre Kinder nach der anfänglichen Zeit in der Klinik im häuslichen Umfeld zu versorgen. Dabei ist die Betreuung des Kindes im häuslichen Umfeld eigentlich eine im Gesetz definierte Anspruchsvoraussetzung. Dieser Anspruch endet mit dem ersten Geburtstag eines jeden Kindes. Frühgeborene sind dann zwar faktisch ein Jahr auf der Welt. Ihr Entwicklungsstand entspricht jedoch oftmals noch nicht dem eines reif geborenen einjährigen Kindes, fehlt ihnen doch wertvolle Zeit im geschützten Bauch der Mutter. Das Problem verschärft sich mit zunehmender Unreife des Frühchens bei Geburt. Gerade die Allerkleinsten und ihre Eltern wären dringend darauf angewiesen, wertvolle Zeit im geschützten familiären Umfeld nachholen zu können. „Es bestünde alternativ die Option, den korrigierten ersten Geburtstag dieser Kinder zu berücksichtigen. Dieser

Welche Erfahrungen machen Frühcheneltern

Unsere langjährige Autorin Dr. Karen Franke ist selbst Mutter von Frühchen, die zugleich Zwillinge sind. Sie hat sich bei Frühcheneltern umgehört und zahlreiche Beiträge von Betroffenen zusammengetragen.
Gleichzeitig hat sie die einzelnen Kapitel mit ihrem medizinischen Wissen versehen und so ein informatives Buch geschaffen, das gleichzeitig ganz tief in die Gefühlswelt von Eltern Frühgeborener eintaucht.

„Frühchen - winziggroße Wunder. Eltern erinnern sich an den schweren Start", Dr. Karen Franke, Verlag von Gratkowski, 14,90 Euro, zu bestellen im Buchhandel (auch online) und unter www.twins.de

bemisst sich nach dem ursprünglich errechneten Geburtstermin. Bisher zeigt sich der Gesetzgeber jedoch trotz vieler Klagen von betroffenen Eltern uneinsichtig, was diese faktische Benachteiligung von betroffenen Familien angeht", fasst Barbara Grieb, Vorstandsvorsitzende des Bundesverbandes die momentane Situation zusammen.

Bund und Länder sind gefordert

Diese strukturellen Probleme können nur auf landes- und bundespolitischer Ebene gelöst werden, ist der Verband überzeugt und appelliert an die Verantwortlichen in den entsprechenden Ministerien, sich diesen Missständen anzunehmen und für Verbesserungen im Sinne der Allerkleinsten und ihrer Familien zu sorgen. Im Rahmen einer politischen Abendveranstaltung hat das interdisziplinäre Netzwerk Neonatologie am 24.11. in der Hörsaalruine der Charité interessierte Politikerinnen und Politiker über die aktuelle Situation der Frühgeborenenversorgung in Deutschland informiert.

Informationen zum Bundesverband

Der Bundesverband „Das frühgeborene Kind" e.V. ist der überregionale Zusammenschluss von Elterninitiativen und Fördervereinen de sich für Frühgeborene und kranke Neugeborene in Deutschland sowie angrenzenden deutschsprachigen Ländern einsetzt. Der Verband wurde im Jahr 1992 gegründet und hat in den vergangenen Jahren mit dazu beigetragen, dass sich die Versorgungssituation für zu früh und krank geborene Kinder, aber auch für ihre Familien zunehmend verbessert hat.

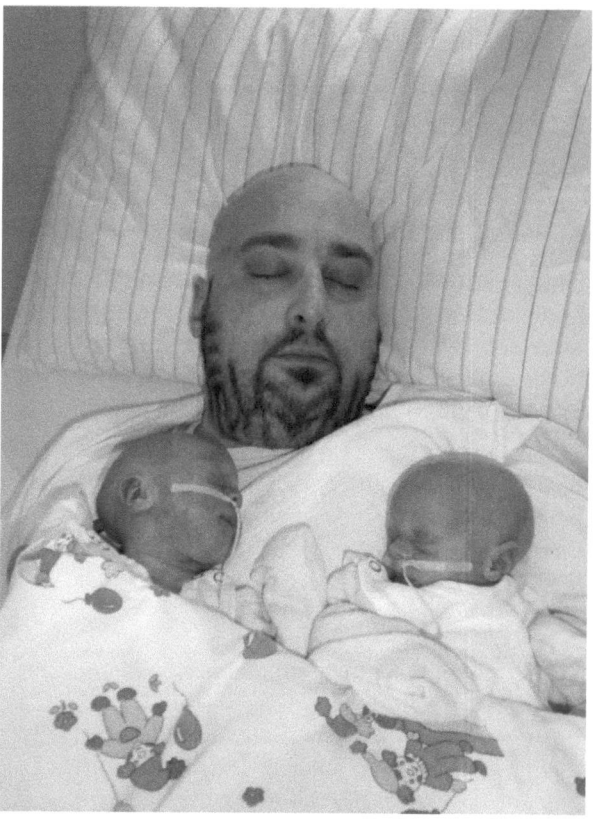

Es muss sich noch allerhand ändern in deutschen Kliniken. Auch dafür ist der Frühchenverein angetreten. Ob es in Österreich besser ist? Wer weiß. Zwillingsvater L. (oben) beim Känguruhen mit Magdalena und Maximilian, seinen Zwillingen.

Nähere Informationen zum Bundesverband finden Interessierte auf dessen Homepage unter

www.fruehgeborene.de

LEBEN MIT ZWILLINGEN

Babyschwimmen mit Zwillingen & Drillingen?

Babys lieben Wasser. Doch die meisten Zwillingseltern scheuen sich, am Babyschwimmen teilzunehmen. Ehrlich gesagt geht es auch nur, wenn man zu zweit ist, also pro Baby eine erwachsene Betreuungsperson dabei hat. Auf was man sonst noch achten muss, hat Lilli Ahrendt, eine Fachfrau in Sachen Säuglingsschwimmen in einem Buch zusammengestellt.

Es fängt schon damit an, dass man Babys auf das Babyschwimmen im Schwimmbad vorbereiten kann. Wie? Das sagt die Expertin auf ihrer Homepage unter

www.eltern-kind-schwimmen.de

Vorbereiten des Schwimmbadaufenthalts

Bevor Sie einen Kurs besuchen, sollten Sie durch gemeinsames häusliches Baden und allmähliches Senken der Badetemperatur von 37° auf 33° ihr Kind an die circa 32° Wassertemperatur im Schwimmbad gewöhnen.
Außerdem sollte der Kinderarzt gefragt werden, ob das Kind, im Falle von Zwillingen die Kinder, aus medizinischer Sicht am Schwimmen teilnehmen kann (können). Es gibt nämlich einige Schwimmbäder, die auch eine ärztliche Bescheinigung verlangen.
Die Teilnahme am Unterricht verbietet sich bei mangelndem gesundheitlichen Wohlbefinden des Kindes, fiebrigen und/oder ansteckenden Erkrankungen oder offenen Hautwunden oder -erkrankungen.

- Säuglinge / Kleinkinder sollten eine Frottee- oder Windelhose (im Handel erhältlich) tragen, die an Bein- und Bauchbündchen fest abschließt, jedoch nicht die Bewegung einschränkt.

- Zur Fußhygiene und Sturzprävention beim Laufen außerhalb vom Schwimmbecken sollten Eltern und Kleinkinder Badeschuhe tragen.

- Säuglinge/Kleinkinder sollten nur auf dem eigenen Handtuch gewickelt werden. Eine frische Windel für das Wickeln nach dem Wasseraufenthalt sollte immer dabei sein.

- Vor und nach dem Wasseraufenthalt sollten Säuglinge/Kleinkinder und Eltern den Körper der Kinder reinigen. Aus der Praxis hat sich ein Duschschlauch bewährt, damit die Säuglinge/Kinder nicht durch plötzliches Spritzwasser ängstlich reagieren. Um den Körper vor dem Auskühlen zu bewahren, empfiehlt sich ein Bademantel oder ein großes Handtuch. Das Eincremen der Haut empfiehlt sich nur nach dem Wasseraufenthalt.

- Nach der Bewegung im Wasser sind die Säuglinge/Kinder hungrig, deshalb sollten sie nachfolgend gestillt werden bzw. ein warmes Getränk erhalten.

- Vor dem Verlassen des Schwimmbades sollten die Haare und Ohren getrocknet und der Kopf des Säuglings bedeckt werden. Denn in diesem Alter ist der Kopf das größte Körperteil und das Baby kann leicht auskühlen.

Wassergewöhnung und Schwimmenlernen

Ist ein Kind über die ersten drei Jahre mit dem Wasser vertraut geworden, führt es erste Fortbewegungsversuche im Wasser durch (Hundepaddeln). Die körperliche, bewegungstechnische, geistige und motivationale Reife für

Weiter auf Seite 18 ...

Das Buch zum Thema Babyschwimmen

Wieso sollte man einen Säugling im Wasser fördern? Weshalb weckt das Element Wasser in besonderem Maße unseren Körper und unsere Sinne? Warum sollte man den Säugling an das Wasser gewöhnen? Dies sind nur ein paar Fragen, die in dem Buch beantwortet werden. Das Buch ist die ideale Anleitung für alle relevanten Aspekte des Säuglingsschwimmen.

Die Autorin Lilli Ahrendt erläutert sowohl praxisbezogenes Basiswissen als auch die aktuellen wissenschaftlichen Erkenntnisse zur ganzheitlichen Frühförderung durch das Säuglingsschwimmen. Hier lesen interessierte Eltern nicht nur etwas über die nötigen Voraussetzungen für das Babyschwimmen, sondern auch über das Säuglings- und Elternverhalten im Wasser, über sichere Haltegriffe und bewegungsanregende Übungen, sowie über die zu erwartenden Auswirkungen und verschiedenen Zielsetzungen der motorischen Frühförderung im Element Wasser wird aufgeklärt.

Das eigens entwickelte Unterrichtskonzept und Griffe-ABC, die Wasserguss-Tauchmethode und zahlreiche Bewegungsanregungen und Spielideen werden vorgestellt. Wer am Säuglingsschwimmen teilnehmen kann, wie dieses Kursangebot abläuft und was beim Wasseraufenthalt mit einem Säugling beachtet werden sollte, wird genauso thematisiert wie eine kritische Auseinandersetzung mit dem Thema.

Lilli Ahrendt, „Säuglingsschwimmen - Theorie und Praxis des Eltern-Kind-Schwimmens im ersten Lebensjahr", 4., überarbeitete Auflage Februar 2016, 224 Seiten, in Farbe, 205 Fotos, 24 Abb., 3 Tabellen, Klappenbroschur, 16,5 x 24 cm ISBN 978-3-89899-670-9
€ [D] 18,00

Keine Angst vorm Babyschwimmen mit Zwillingen. Natürlich muss man zu zweit sein. Entweder kommt der Papa mit - wie hier oder eine Oma hat Zeit oder eine Tante, eine Freundin. Und wenn's den Zwillingen Spaß macht, macht's auch den Erwachsenen Spaß.

das eigenständige Schwimmenlernen entwickelt sich ungefähr ab vier Jahren. Ab diesem Alter kann ein Kind dann am Schwimmunterricht in Kleingruppen ohne die Eltern teilnehmen, um das Frühschwimmabzeichen (das sogenannte Seepferdchen, 25 Meter schwimmend fortbewegen, Sprung vom Beckenrand, Heraufholen eines Gegenstandes aus stehtiefem Wasser) zu erwerben.

Erst mit dem Schwimmabzeichen Bronze (der sogenannte Freischwimmer, das heißt, 15 Minuten Dauerschwimmen, Sprung vom 1-Meter-Brett und Tieftauchen auf 1,80 mete) ist das Kind ein Schwimmer.

Anbieter und Kosten

Eltern-Kind-Kurse werden von verschiedenen Anbietern durchgeführt:
- von (Schwimm-)Vereinen, von der Deutsche-Lebens-Rettungs-Gesellschaft (DLRG), Familienbildungsstätten, Volkshochschulen, private (Schwimm-, Sport-) Schulen oder in den Schwimmbädern von Schwimm-Meister/inne/n.
- Die Kosten für den Schwimmbadaufenthalt und den angeleiteten Unterricht betragen zwischen 5,- und 15,- Euro, je nach Eintrittskosten des Bades (Qualität, Ausstattung) und dem Ausbildungsstand des/der Kursleiter/s/in.

Über die Autorin

Seit 1994 lehrt und bearbeitet Lilli Ahrendt das Thema „Säuglingsschwimmen" an der Deutschen Sporthochschule Köln. Neben ihren wissenschaftlichen Untersuchungen und Kongressvorträgen konzipiert und leitet sie die Aus- und Fortbildungslehrgänge im Eltern-Kind- und Schwangerenschwimmen für die Deutschen Schwimmverbände sowie andere Institutionen.

KINDERWUNSCH: Erste Messe vom 18. - 19.2.

Künstliche Befruchtung, Adoption & Co.

Familienplanung im 21. Jahrhundert: Der Kinderwunsch entwickelt sich immer später und die Fruchtbarkeit sinkt. Die Nachfrage nach künstlicher Befruchtung, Eizellspende, Adoption und Leihmutterschaft steigt. Grund genug, erstmals eine Messe für Paare mit unerfülltem Kinderwunsch zu veranstalten: Die Kinderwunschtage.

Erstmals wird es eine Messe geben, die Wege aus ungewollter Kinderlosigkeit aufzeigt: Die Kinderwunschtage in Berlin. Dort treffen sich Experten und informieren über Wege zum erfüllten Familienglück.

Glucksendes Kinderlachen, eifrige Krabbelversuche und die ersten Worte - vom eigenen Nachwuchs träumen viele Menschen. Doch der Kinderwunsch ist nicht immer einfach realisierbar: die Spermiendichte halbierte sich in den letzten 50 Jahren, Frauen bekommen später Kinder und auch Singles oder gleichgeschlechtliche Paare wünschen sich eine Familie mit Kindern. Künstliche Befruchtung ist in der Mitte der Gesellschaft angekommen.

Bei Zwillingseltern bekannt: IVF

Aber, wem sagen wir das? Viele Zwillings- und Drillingseltern und auch einige unserer Leser wissen dies nur allzu gut und haben ihre Kinder nur durch etwas „Nachhelfen" bekommen.
Am bekanntesten ist die In-Vitro-Fertilisation. Doch es gibt es noch andere, teils umstrittenere Wege zum Kind. Oft genug finden Nachwuchswillige auf dem boomenden Fertilitätsmarkt keine vertrauenswürdigen Informationen oder stehen ratlos vor der komplexen Gesetzeslage.
Die Experten der Kinderwunschtage, Deutschlands erster Publikumsmesse für Familienplanung, die am 18. Und 19. Februar erstmalig in Berlin stattfinden wird, geben einen Überblick über die Wege aus der Kinderlosigkeit.
Als deutschlandweit erste Publikumsmesse für alternative Familiengründung bieten die Kinderwunsch Tage (http://www.kinderwunschtage.de) all denjenigen ein Forum, die sich informieren, austauschen oder beraten lassen möchten.

Wege zum Kind: mehr als 60 interessante Vorträge & Ideen

In über 60 Vorträgen von führenden Fachberatern, Ärzten, Gesundheitsexperten und Organisationen reichen die Themen unter anderem von künstlicher Befruchtung, über Samenspende, bis hin zu Möglichkeiten der Adoption und Leihmutterschaft. Aber auch Gesundheits- und Sportthemen sowie der individuelle Erfahrungsaustausch von Besuchern finden ihren Platz.

Veranstaltungsort/Tickets: Die Kinderwunsch Tage finden am 18. und 19. Februar 2017 im Mercure Hotel MOA Berlin statt. Tickets sind im Online-Vorverkauf sowie vor Ort ab 20 Euro (Einzelbesucher) bzw. 30 Euro (Paarticket) und als Weekend Pass erhältlich.

SCHNELLE TIPPS - praktische Ideen für alle

Praktische Ideen und Tipps für Mehrlingseltern

Zwillings- und Drillingseltern müssen vor allem praktisch denken. Deshalb haben sie Tipps und Ideen auf Lager, die wirklich hilfreich sind. Haben Sie auch einen Vorschlag, der auf diese Seite passt? Her damit! **Unsere E-mail: info@twins.de**

Wie kriegt man den letztes Rest aus dem Gläschen raus? Die Frankfurter Zwillingsfamilie J. empfiehlt einen Schaber von Tupperware.

Zwar sind wir aus der „Gläschen-Zeit" heraus, aber dennoch möchten wir unser folgendes Helferlein wärmstens empfehlen: den „kleinen Topf-Schaber" der Firma Tupperware.

Zu uns kam er dank Oma - sie schwört auf ihn, wenn es um das Entnehmen auch des letzten Restes aus dem Marmeladenglas geht. Genau das funktionierte dann auch bei uns mit den Obstgläschen. Gerne nehme ich ihn auch, um bei meinem Pürierstab noch an die Reste zu kommen. Spülmaschinenfest ist er ebenfalls.

Ich kann nur sagen, dass die rund 14 € eine gute Investition sind!

Tina Bresler ist eine sturmerprobte Zwillingsmutter. Im wahrsten Sinne des Wortes. Deshalb schwört sie auf gute Regenklamotten für Sergej und Vladimir.

Gute Regensachen sind jeden Cent wert. Wir haben auf die Regenklamotten von Jako-o geschworen und konnten sogar die meisten Sachen an andere Zwillingseltern weiter

Was wie ein Schwert aussieht, ist ein genialer Küchenschaber. Damit kriegt man die letzten Reste aus jedem Glas.

geben. Versuche mit anderen Gummistiefeln gaben wir schnell auf. Besonders beim Paddelurlaub im Dalsland Schweden geht es ohne Gummizeug nicht.

Nichts geht über richtige Klamotten!

Jeder Zwilling braucht eigene Schuhe. Und noch dazu, wenn sie unterschiedliche Schuhgrößen haben. Zwillingsmutter Jasmin hat eine gute Idee, wie man die Schuhe von Theo und Paul ab sofort auseinanderhalten kann.

Gerne kaufe ich meinen Zwillingen auch die gleichen Schuhe. Jetzt hat sich nur das Problem aufgetan, dass einer der beiden doch tatsächlich eine Nummer größer hat als der andere. Um die Schuhe auseinander halten zu können, ohne jedes Mal auf die Nummer schauen zu müssen, bekommt jetzt ein Zwilling, Paul, immer grüne Schnürsenkel und der andere Zwilling, Theo, neutrale. So wissen auch Oma, Opa und der Papa schnell, welche Schuhe zu wem gehören. Meine zweijährigen Buben haben das sowieso schon längst raus.

Ein weiterer Vorteil: wenn sie draußen im Garten oder beim Laufrad fahren sind genügt ein Blick auf die Schuhe und man weiß sofort, wer wer ist. Das geht sonst im Gefecht schon mal unter.
Liebe Grüße Jasmin G.

Theo (links) und Paul haben gut lachen. Man sie an ihren Schnürsenkeln unterscheiden.

Neue Tipps gesucht!

Sie haben auch einen Tipp, wie sich das Leben mit Mehrlingen leichter gestalten kann? Das können auch ganz einfache Ideen sein - Hauptsache, sie helfen im Alltag.

Schreiben Sie uns gerne an info@twins.de

Am besten schicken Sie auch ein Foto mit. Ein einfaches Foto, wie Sie es auch schon mit dem Handy machen können, reicht uns.

Oder schicken Sie Ihre Idee an:

ZWILLINGE - DAS MAGAZIN
Postfach 40 11 11
D-86890 Landsberg m Lech

BESCHÄFTIGUNG: Basteln mit Bügelperlen

Sören & Emil basteln gern mit Bügelperlen

Ist das Wetter schlecht, ist die Laune meist ebenfalls auf dem Tiefpunkt. Gerade kleinere Zwillinge wollen dann beschäftigt werden. Aber wie? Sören und Emil wollten ebenso wie ihr großer Bruder mit Bügelperlen spielen. Doch die waren zu klein für die bastelfreudigen Zwillinge. Mama Franziska entdeckte die Bügelperlen jetzt auch „in groß" ...

Da mein großer Sohn Björn (sechs Jahre alt) gerne mit Bügelperlen bastelt, wollten die Zwillinge Sören und Emil es ihrem großen Bruder, bei dem sie es gesehen hatten, gleich tun. Nur - da gab es ein kleines Problem: Die normalen Bügelperlen sind einfach zu klein.

Dazu muss man wissen, dass diese Perlen auf die Platten gesteckt werden und sich so Muster und Formen stecken lassen. Mal nach Vorlagen, mal nach Phantasie.

Und so fanden Sören und Emil das Basteln mit den zu kleinen Bügelperlen nicht wirklich schön und es hat immer Ärger gegeben, wenn der große Bruder Björn mit den Perlen „stecken" wollte. Durch Zufall hab ich dann beim Spielzeuganbieter myToys im Internet gesehen, dass es auch Maxi-Bügelperlen gibt und auch die dazugehörigen Platten zum Stecken.

Also habe ich dann dort einmal ein solches Set gekauft mit den Steckerplattenvorlagen und mit 900 Perlen, aber irgendwie waren die Perlen dann schneller verbraucht, als es den Jungs lieb

Die größeren Bügelperlen lassen sich besser greifen: Die Zwillinge Emil und Sören ganz konzentriert beim Stecken.

war. Bei drei Kindern, die alle mit den Bügelperlen etwas stecken wollen, sind 900 Perlen nicht gerade viel.

Ich wollte aber erst einmal ausprobieren, ob es den Jungs mit den größeren Perlen überhaupt Spaß macht und ob auch Sören und Emil damit klarkommen.

Was super war - die großen Perlen lassen sich schön auch von kleineren Kindern greifen und auch gut auf der Steckerplatte platzieren.

Selbst Björn, mein großer Sohn, sagt: „Mama, mit den großen Perlen macht das ja richtig Spaß!"

Gut, dass meine Zwillinge Sören und Emil Geburtstag hatten (am 24. Oktober sind sie drei geworden), also habe ich einen großen Eimer mit den großen Perlen bestellt und hatte auf diese Weise gleich ein passendes Geburtstagsgeschenk für die beiden. Da waren dann um die 3.000 Stück drin. Der Eimer kostete 38 Euro.

Mit dieser Anzahl an Bügelperlen müsste man

hinkommen. Jedenfalls haben sich meine Kids sehr darüber gefreut. Und gleich angefangen, zu stecken.

Und ich habe mit Freude zugeschaut. Und zugegeben - auch ich habe gleich mitgemacht, denn auch mir macht es Spaß, mit den Perlen zu basteln. Und da sind auch schon schöne Werke draus geworden.

Es ist ja nicht nur so, dass die Kids beschäftigt sind, sondern es stärkt auch die Konzentration und Motorik, was ich persönlich super finde. Und alle haben daran Spaß.

Es ist auch super, wenn man seinen Kindern erzählen kann, dass Mama das früher als Kind auch gerne gemacht hat . ;-)

Liebe Grüße - Franziska P.

Mit Hilfe von Mama gelingt Sören ein Traktor (oben), Emil denkt sich selbst etwas aus (hier links).

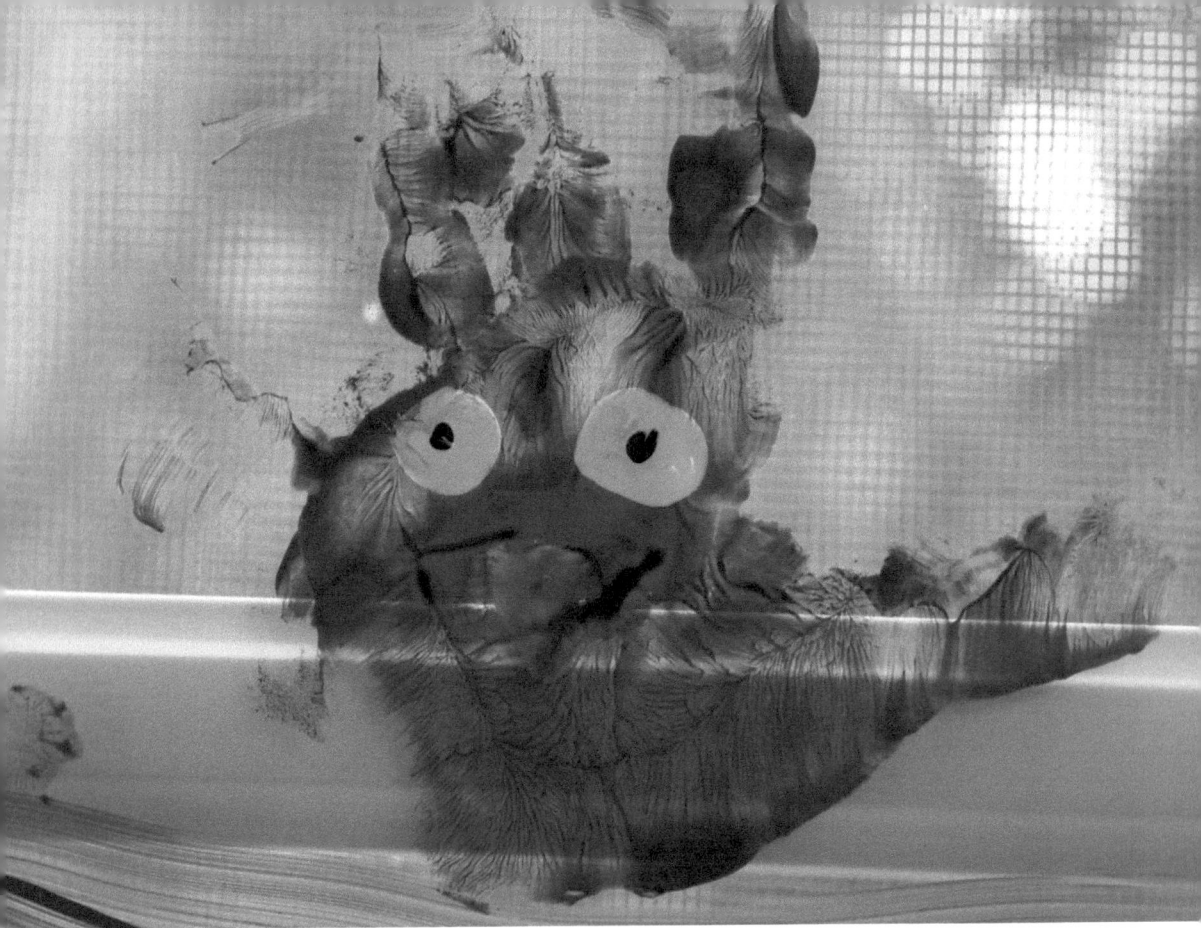

Wir basteln Eulen für unsere Fenster

Wie beschäftige ich meine Zwillinge, wenn wir weniger nach draußen können? Lilli und Paula manschen gern mit Fingerfarben und uups - schon sind schöne Eulen am Fenster dran.

Heute machen wir Eulenfensterbilder. Diese tolle Idee habe ich mir in unserer Krippe vom Kindergarten abgeschaut.

Dazu benötigt man:

- erst einmal ein großes abwaschbares Lätzchen, damit sich die Zwillinge nicht so schmutzig machen;
- verschiedene Fingerfarben
- und dann die Hände von den Twins, sowie von Mama oder Papa

Und so haben wir die Eulen gemacht:

Hierfür haben wir Abdrücke von Lilli und

Paulas Händen auf das Fenster gedrückt und diese mit zwei Augen, einem Schnabel für die Eule, sowie Zweige und Blätter gemalt.
Fertig ist die Eule am Wohnzimmerfenster.

Die Restfarbe wurde von Lilli und Paula auch noch gut genutzt - wie man sieht. Die beiden haben nach Herzenslust darin rumgematscht, gut, dass sie die abwischbaren Lätzchen um hatten.

Viel Spaß beim Nachmachen und liebe Grüße aus Eich - Familie K.

Hach - mal so richtig matschen ... wie schön! Paula amüsiert sich prächtig mit den Fingerfarben und da sie gut mit einem Lätzchen geschützt ist, macht das auch Mama Spaß!

Lilli macht es mehr Spaß, mit den Farben zu malen. Vorsichtig tunkt sie den Pinsel ein ... und ja, natürlich - sie hat auch schon herumgematscht. Die linke Hand verrät es deutlich ...

Kleine Bastelarbeiten für Kinder ab 1 Jahr & älter

Zwillingsmutter Katrin O. betreut jetzt eine „Pampersbande", da ihre eigenen Kinder, darunter die Zwillinge Felix und Malte schon größer, beziehungsweise groß sind. Und auch die Pampersbande will beschäftigt werden. Hier sagt uns Katrin wie.

In meiner Pampersbande betreue ich Kinder ab einem Jahr einmal in der Woche für drei Stunden.
Dafür suche auch ich immer wieder Ideen. So fand ich das Set mit den Mini-Fensterhasen von Jako-o ideal.
Alle Teile werden gleich mitgeliefert. Die Ausstanzerle einfach rausdrücken, die Kinder können die Teile miteinander variieren und schöne Osterhasen kleben. Dann noch die

Gesichter beidseitig mit Edding aufmalen, Faden dran, fertig. In meiner Gruppe waren letztes Jahr auch Magdalena und Johanna. Sie sind ebenfalls Zwillinge und haben das Jahr vorm Kindergarten bei mir hier sehr genossen. (Katrin O.)

Magdalena (links) und Johanna (oben) sind ganz stolz auf ihre gebastelten Hasen, die ans Fenster kommen.

Mobil bleiben: Reisebettchen = Reiselaufstall

Wer mit kleinen Zwillingen oder Drillingen wegfährt - sei es in Urlaub oder auch „nur" zu Oma und Opa hat jede Menge Gepäck an Bord. Deshalb sind wir auch immer wieder auf der Suche nach praktischen Produkten, mit denen das Reisen mehr Spaß macht. Hier ein leichtes Reisebett, das zugleich ein kleiner Laufstall ist.

Eine große Erleichterung für Eltern, die mit ihren Zwillingen verreisen, ist das Zwillingsreisebett, das so groß ist, dass sie ihre Neugeborenen bis zu einem Alter von circa 1,5 Jahren darin schlafen lassen können. Es ist nicht nur ein Reisebett für zwei mit einem kompakten Klappmaß. Darüberhinaus dient es auch als Laufstall für unterwegs, zum Beispiel im Urlaub oder bei den Großeltern!

Technische Details & Ausstattung:
- Liegefläche: 100 x 100 Zentimeter;
- Maße aufgeklappt: 105 x 105 x 65,5 Zentimeter;
- Maße zusammengeklappt: 21 x 23 x 74 Zentimeter, Höhe: 65 Zentimeter;
- Bezug 100 % Nylon - abwaschbar;
- Gewicht: 11,5 Kilogramm;
- nutzbar ab 0 Monaten - bis 15 Kilogramm „Zuladung";
- Faltmatratze und Transporttasche inklusive;
- zwei Rollen für ein einfaches Verschieben und Bremse;
- seitlicher „Ausgang" per Reißverschluss zu öffnen/zu schließen;
- passend zum Reisebett gibt es eine extra dicke Matratze für einen besonders komfortablen Schlaf, (39,- Euro).

Preis: circa 99,- Euro; derzeit wird es für 69,- Euro angeboten bei www.zwillingsburg.de

So feiern wir den fünften Zwillingsgeburtstag

Eigentlich sollten die Zwillinge Fynn und Josie den fünften Geburtstag getrennt feiern können. Doch wer zuerst? Und dann hätte das zweite Kind lange auf seine Feier warten müssen, weil alle Wochenenden schon vergeben waren. Also wurde zusammen gefeiert. Tanja A. schickt uns den Beitrag.

So, ich glaube mich erinnern zu können, dass ich am vierten Geburtstag von Fynn und Josie gesagt hatte, der nächste Geburtstag wird getrennt gefeiert. Naja, es kommt halt doch immer wieder mal anders als man denkt …

Im November 2014 begann ich als Tagesmutter zu arbeiten. Ich hatte gleich zwei Tageskinder und musste daher einiges neu strukturieren und planen. So eben dann auch den fünften Geburtstag von Fynn und Josie im Februar 2015.

Da die Tageskinder jeden Tag der Woche nachmittags da waren, wollte ich nur am Wochenende feiern, um voll für meine Kinder an ihrem Kindergeburtstag dasein zu können. Aber dann hätte

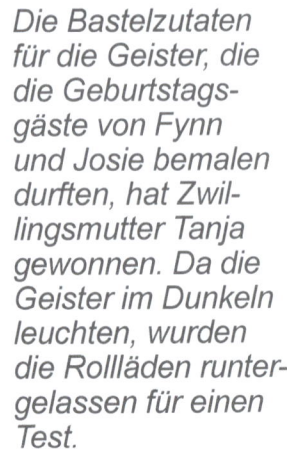

Die Bastelzutaten für die Geister, die die Geburtstagsgäste von Fynn und Josie bemalen durften, hat Zwillingsmutter Tanja gewonnen. Da die Geister im Dunkeln leuchten, wurden die Rollläden runtergelassen für einen Test.

sich zumindest der eine Kindergeburtstag ganz schön weit rausgeschoben, was ziemlich schwierig für das betreffende Kind geworden wäre. Also umgeplant und doch einen gemeinsamen Geburtstag veranstaltet!
Meine Eltern wollten sowieso das Wochenende nach dem Geburtstag zu Besuch kommen, also habe ich sie in die Geburtstagsplanung mit eingeschlossen. Das war sowieso sehr praktisch, da mein Mann wegen einer kurz vorher stattgefundenen OP quasi noch außer Gefecht gesetzt war.
Im Februar ist man ja wettertechnisch nicht ganz so frei, vor allem hier bei uns im Nordschwarzwald nicht unbedingt. Nur drinnen zu feiern ist nicht gut, aber nur draußen zu feiern auch etwas schwierig. Wir lösten das Problem, indem wir von 11.00 bis 16.00 Uhr feierten und den ersten Teil mit der Bastelaktion drinnen machten und dann gegen 12.30 Uhr rausgingen, um zu grillen. Zum Aufwärmen ging es dann gegen 15.00 Uhr wieder nach drinnen zu Kaba und Kuchen.

Würstchen und Stockbrot kann man glücklicherweise auch im Februar grillen, beziehungsweise backen.

Die Geister leuchten im Dunkeln.

Als Bastelaktion haben wir Geister mit Leuchtfarbe angemalt. Diese Geister hatte ich mal bei einer Verlosung der Zeitschrift ZWILLINGE gewonnen. Das Paket mit dem Bastelzubehör für den Kindergeburtstag war klasse, so dass ich nochmal ein Paket Geister und Farbe nachbestellt habe, da insgesamt sieben Kinder eingeladen waren. Das Paket war von www.diekindergeburtstagskiste.de (Anm. d. Red.: Diese Firma gibt es leider nicht mehr).
Die Verarbeitung des Bastelzubehörs war total leicht, wir Erwachsene hatten allerdings die Geister schon am Vorabend weiß grundiert. Die Kinder malten dann noch die Leuchtfarbe drauf, das war auch wirklich ausreichend an Beschäftigung.
Danach ging es dann raus, bei echt bescheidenem Wetter. Die kleinen Geburtstagsgäste waren allerdings alle gut eingepackt und fanden es sehr cool, ihr Stockbrot selber über einem kleinen Grillkorb machen zu können. Und Garten geht ja eh bei jedem Wetter ...
Danach nochmal rein ins Haus und dann konnten sich die Kinder aufwärmen und dazu leckeren Kaba trinken und die Froschmuffins und Amerikaner (sehr dankbar für Kinder) essen. Und schon wurden die Kinder wieder abgeholt.
Und selbst jetzt nach über zwei Jahren leuchten die Geister noch und haben ihren Platz im Kinderzimmer. (Tanja A.)

Spiele für eine lustige Faschingsparty

Ende Februar dieses Jahres werden wieder einige Faschingsparties steigen. Hier sind einige lustige Spiele - nicht nur für den Kinderfasching. Von den Zwillingen Felix und Malte ausprobiert und für gut befunden. Von Zwillingsmutter Katrin für uns zusammengestellt.

Reise nach Jerusalem

Das braucht man dafür: Musik, Teppiche oder Stühle

So geht's: Sie brauchen insgesamt einen Stuhl weniger als Mitspieler. Stellen Sie die Stühle Lehne an Lehne in einer Linie auf. Dann wird die Musik angestellt und die Kinder gehen im Kreis um die Stühle herum. Wir die Musik gestoppt, muss sich jedes Kind schnell auf einen freien Stuhl setzen. Das Kind, das keinen Platz mehr findet, scheidet aus. Dann wird ein Stuhl weggenommen und es geht in eine neue Runde. Sieger ist, wer sich am Ende den letzten Stuhl sichert. Damit's nicht langweilig wird, können Sie auch vorgeben, wie die Kinder um die Stühle gehen sollen: im Entenmarsch, auf einem Bein hüpfend, rückwärts usw.

Zeitungs-Tanz – Variation: die Kinder holen einen Erwachsenen dazu

Das braucht man dafür: Zeitung, Musik

So geht's: Zwei Mitspieler bilden ein Team. Breiten Sie für jedes Team eine Doppelseite Zeitung auf dem Boden aus. Nun wird die Musik angestellt und jedes Team muss auf seiner Zeitung tanzen. Dabei dürfen sie nicht über den Rand der Zeitung hinaustreten – wem das passiert, der scheidet aus. Nach einer kurzen Weile wird die Musik gestoppt und die Zeitung einmal in der Mitte gefaltet, also verkleinert. Das Ganze wird so oft gemacht, bis am Ende ein Sieger-Team feststeht.

Die Zwillinge Malte (links) und Felix passen auf eine Doppelseite der Zeitung.

Luftballons kaputt tanzen

Das braucht man dafür: Luftballons, Bindfäden, Musik

So geht's: Jedes Kind bekommt einen aufgeblasenen Luftballon ans Bein gebunden. Wenn die Musik beginnt, müssen alle tanzen und versuchen, die Ballons der anderen Kinder kaputtzutreten. Gewonnen hat, wer am Ende als einziger noch einen heilen Luftballon hat.

Brezeln essen

Besonderheiten: Dazu Gruppen bilden, kleine, mittlere, große Kinder einteilen. Ab drei Kinder, wildes Spiel, ohne Sieger.

Das braucht man dazu: Leine, Brezeln

So geht's: Auf eine lange Leine werden Brezeln gezogen. Die Leine wird so gespannt, dass die Kinder so gerade mit dem Mund an die Brezeln heranreichen. Auf Kommando laufen alle hin und versuchen, eine Brezel aufzuessen - aber die Hände bleiben fest verschränkt auf dem Rücken oder in die Taille gestemmt!

Stopp-Tanz

Das braucht man dafür: Musik

So geht's: Der Spielleiter macht die Musik an und die Kinder tanzen ausgelassen dazu. Wenn der Spielleiter die Musik stoppt, erstarren die kleinen Tänzer und keiner darf sich mehr bewegen. Das führt zu ganz schön lustigen Posen. Wer wackelt, scheidet aus. Gewonnen hat, wer zuletzt noch übrig ist.

Schokokuss-Wettessen

Das braucht man dafür: Schokoküsse, Teller

So geht's: Die Kinder sitzen am Tisch und müssen die Hände hinter den Rücken nehmen. Dann bekommt jedes Kind einen Schokokuss vor sich gestellt. Auf „Los" geht's los! Wer schafft es zuerst, seinen Schokokuss aufzuessen?

Tickende „Paketbombe"

Besonderheiten: ab vier Kinder, wildes Spiel, mit Sieger. Hört sich schlimm an, ist aber lustig.

Das braucht man dazu: Schuhkarton, Küchenwecker

So geht's: Der Wecker wird auf drei Minuten eingestellt und in einen Schuhkarton gelegt. Nun wird das Päckchen reihum weitergegeben. Am Anfang ist keine Eile nötig - jeder darf den Karton auch mal etwas länger halten - denn je länger das Spiel dauert, desto spannender wird es. Wer den Karton in der Hand hält, wenn der Wecker klingelt, „explodiert" und scheidet aus. Der Wecker wird wieder aufgezogen. Die anderen Kinder machen weiter, bis der Sieger allein übrig bleibt.

Bei der Nuss ist Schluss

Besonderheiten: ab drei Kinder, ruhiges Spiel, ohne Sieger

Das braucht man dazu: Teller mit verschiedenen Süßigkeiten und Knabbereien, die verpackt sind, Schal oder Tuch; Nüsse

So geht's: Als Vorbereitung wird ein Teller mit verschiedenen Süßigkeiten belegt, zum Beispiel Kinderschokobons, Gummibärchen, Bounty, Snickers ... Einem Kind werden die Augen verbunden. Das Kind darf langsam

nacheinander Süßigkeiten vom Teller nehmen und vor sich legen. Sobald es eine Nuss berührt, rufen die anderen Kinder: Bei der Nuss ist Schluss.
Dann wird getauscht. Neue Süßgkeiten kommen hinzu und weiter geht´s in die nächste Runde.

Mumienspiel

Das braucht man dazu: eine Großpackung Toilettenpapier

So geht's: Immer zu zweit sind die Spielpaare. Drei Paare warten in Startposition. Das heißt einer hat die Toilettenpapierrolle in der Hand und der andere hält still. Auf ein Zeichen beginnt jedes Kind den anderen einzuwickeln. Wer schafft es, von den Füßen beginnend bis zum Kopf, ohne dass das Papier reißt? Der ist Sieger. Hier sind Behutsamkeit und Technik gefragt. Viel Spaß damit wünscht Katrin!

Jana wurde mit Klopapier eingewickelt.

Buch: Zwillinge feiern Geburtstag

Wenn Zwillinge Geburtstag feiern, ist das eine besondere Herausforderung. Denn Zwillingskinder müssen immer alles teilen und da ist es für Mütter und Väter eine Aufgabe, den Geburtstag für jedes Kind ein ganz besonderes Ereignis zu machen.
Unser neues Buch aus der Reihe „DAS ZWILLINGE ABC" kann im Buchhandel, aber auch bei uns unter www.twins.de bestellt werden.
Darin enthalten viele gute Ideen, Spiele, Anregungen für Mottoparties, aber auch Rezepte.

**ISBN: 978-3-927058-45-3, 16,99 Euro
in allen Buchhandlungen (auch online) und
unter www.twins.de**

Juhu! Unsere Zwillinge sind drei Jahre alt!

Drei Jahre sind eine lange Zeit, vor allem, wenn man sie mit dem Aufwachsen von Zwillingen verbringt ... Zwillingsmutter Franziska staunt, wie schnell die Zeit dennoch vergangen ist. Sören und Emil (oben mit Uropa Manfred und Uroma Lore) pusten die Geburtstagskerzen aus.

Ei ei - wo ist die Zeit geblieben? Vor drei Jahren haben Emil und Sören, unsere Zwillinge, unsere Familie komplett gemacht. Nun sind sie schon drei Jahre alt. Meine Babys sind nun große Jungs!
Am 24.10.2013 ist unser erstgeborener Sohn Björn stolzer großer Bruder geworden und es wird seit dem nicht langweilig bei uns ... mit drei Jungs ist eben jeder Tag ein Abenteuer. Anders kann ich es nicht formulieren:-))
Dankeschön an meine Jungs für die wunderschöne Zeit, die wir bis jetzt mit Euch verbracht haben.
Wir freuen uns weiterhin auf ganz viele tolle Abenteuer mit Euch. Ihr seid unser größer Schatz auf Erden.
Seit drei Jahren begleitet uns auch die Zeitung ZWILLINGE mit vielen spannenden Berichten aus jeder Lebenslage von Mehrlingseltern.
Jeden Monat neue Geschichten aus dem Alltag mit Zwillingen und wenn man dann seine eigenen Jungs und einen Bericht dazu in der Zeitung findet, ist es um so spannender ZWILLINGE zu lesen.
Wir werden es vermissen, jeden Monat eine Zeitung im Briefkasten zu haben ... Jetzt heißt es länger warten auf den begehrten Lesestoff - aber das bekommen wir hin! (Franziska P.)

FÜR SIE GELESEN: ein Väterbuch

Ponyhof für Fortgeschrittene & etwas „mehr" ...

Als das Taschenbuch „Ponyhof für Fortgeschrittene" von Tillmann Schulze im Dezember 2014 erstmals herauskam, war es das erste „Väterbuch" speziell für Zwillingsväter. Ein echtes Novum. Väter, speziell Zwillingsväter, hatten sich bisher eher weniger geäußert. Umso interessanter, was Zwillingsvater Schulze zu sagen hatte. Jetzt hat er in der neuen Auflage noch ein Update hinzugefügt. Dorothea F., eine Zwillingsmutter, deren großes Hobby (abgesehen von den Zwillingen) die Literatur ist, hat die neue Auflage für uns gelesen.

Wie schön, dass ich jetzt ein neues Exemplar des Zwillingsbuches „Ponyhof für Fortgeschrittene" in den Händen halten darf. Ist das von mir vor 1,5 Jahren gekaufte Exemplar mir doch nie zur Lektüre vergönnt gewesen. Wie es dazu kam?

Nun, ich hatte die erste Auflage dieses Buches meinem Mann als frischgebackenem Zwillingsvater geschenkt und er hat es (was bei ihm eher selten der Fall ist) auch tatsächlich der Lektüre von Oldtimer- oder Fachbüchern vorgezogen. Da die Zeit extrem knapp war, blieb ihm nur der tägliche Arbeitsweg mit der S-Bahn. Er schien an der Lektüre wirklich Gefallen gefunden zu haben, erzählte er mir doch abends öfters einige Anekdoten aus dem Buch, bis er mir eines Tages zähneknirschend gestand, das Buch aus Versehen in der S-Bahn liegen gelassen zu haben. Ja, da hatte er etwas mit dem Autor gemein, dem dies an einigen von ihm geschilderten Tagen mit Sicherheit auch passieren hätte können.

Tillmann Schulze erzählt von seinem Leben mit Frau, älterer Tochter sowie Zwillingsmädchen im ersten Lebensjahr. Er schildert sehr anschaulich, wie kräftezehrend und belastend, aber auch wie unglaublich bereichernd und erfüllend der Alltag mit Zwillingsbabys sein kann.

Das Buch ist chronologisch aufgebaut und in elf Kapitel unterteilt. Der Leser erfährt zuerst, wie Schwangerschaft und Geburt (selbstverständlich alles aus männlicher Sicht) verliefen, um dann in das Abenteuer des ersten Zwillingsjahres einzutauchen. Bei der vorliegenden zweiten Ausgabe ist noch ein sehr ausführliches Nachwort hinzugekommen, in dem der Leser erfährt, wie es mit den „AJs" (Abkürzung seiner Zwillingsmädchen durch jeweils den Anfangsbuchstaben ihrer Namen) im zweiten und dritten Lebensjahr weiter gegangen ist. Sehr gängige Probleme im ersten Lebensjahr lässt der Autor zu drei Hauptmonstern, dem Reflux-, dem Schlafentzugs- sowie dem Zahnmonster werden. Diese Monster treiben aber nicht ungebändigt ihr Unwesen, dem Leser werden zahlreiche Lösungsvorschläge in Form von „Munitionstypen" präsentiert. Gegen Ende des Buches und nach zahlreichen Anekdoten aus seinem Leben als Zwillingspapa gibt der Autor sehr lebensnahe „Überlebenstipps", die alle umfassend von ihm erprobt sind und die einen das erste Zwillingsjahr möglichst gut überstehen lassen.

Dieses Buch unterscheidet sich von vielen anderen Zwillingsbüchern allein dadurch, dass es aus männlicher Sicht geschrieben worden ist, so dass sich der Leser unter anderem an einem ausführlichen Bericht über die Entscheidung für das am besten geeignete Familienauto mit drei Kindern, einem kurzen Abriss über Vor- und Nachteile der gängigen Zwillingskinderwagenmodelle auf dem Markt oder aber auch an tröstenden Worten für andere Zwillingsväter erfreuen kann, dass zum Beispiel Männerabende sehr wohl dennoch möglich (und auch sehr wichtig, um wieder neue Energiereserven aufzubauen) sind.

Jede Zwillingsmutter müsste ihrem Mann dieses Buch als Lektüre angedeihen lassen, betont der Autor doch an vielen Stellen, wie wichtig es gerade bei Zwillingen ist, dass sich der Vater von Beginn an so viel wie es nur geht in der Familie engagiert (vgl. zum Beispiel: „Gibt es Zwillinge, müssen die Eltern ein gutes Team sein, ein verdammt gutes Team. Sie müssen funktionieren, sie müssen sich aufeinander verlassen können!")

Tillmann Schulze, „Ponyhof für Fortgeschrittene", Twinmedia Verlag, ISBN 978-3-906017-33-4, 15,50 Euro.

Nachdem ich das Buch begeistert gelesen habe, kann nun mein lieber Mann seine Zwillingslektüre auch endlich fortsetzen, diesmal sogar noch um die Erfahrungen des Autors im zweiten und dritten Lebensjahr erweitert ... (Dorothea F.)

Mit vier Kindern, darunter Zwillinge, kann man schon mal den Kopf - beziehungsweise ein Buch verlieren oder in der S-Bahn liegen lassen. Zwillingsmutter Dorothea hat die Neu-Auflage probegelesen.

ZWILLINGSVÄTER: aktiv dabei?

Helfen Zwillingsväter bei der Kinderversorgung mit?

Männer an die Zwillingsfront! Helfen heutige Zwillingsväter mit, wenn es um die Versorgung der Kinder geht? Eine Umfrage zeigt es: Viele Väter packen gerne mit an, einige haben beruflich zu viel um die Ohren, andere kein Händchen für Babys. Die Umfrageergebnisse wurden auf Facebook veröffentlicht.

Es wechselt. Mal macht er mehr, mal weniger. Ich habe bemerkt, dass es Dinge gibt, da hält er mich für den eigentlichen „Spezialisten" - zum Beispiel, wenn die Zwillinge gebadet werden sollen oder wenn es um's Einkaufen geht. Schade nur, dass Einkaufen *mit* Zwillingen echt anstrengend ist.
Er sagt dann: „Du weißt doch, dass ich keine Ahnung davon habe ..."
Das geht dann solange gut, bis ich „überkoche" und ihn daran erinnere, dass er nicht der einzige ist, der „hart arbeitet".
Und vieles, was ich als Mutter mache, ist mir auch nicht so einfach in die Wiege gelegt worden. Oft sieht s so aus, als ob ich gut allein zurecht komme, dabei brauche ich wirklich genauso Hilfe!
Wenn ich dann mal rauslasse, dass ich Hilfe brauche, kommt er normalerweise in die Gänge. Dann sieht er, dass ich genauso unter Druck bin und dass auch ich nicht als Super-Mutter auf die Welt gekommen ist.
Was ich allerdings lernen muss: Ich sollte ihn nicht kritisieren, wie er die Dinge handhabt, wenn er mir hilft und etwas mit den Zwillingen macht. Wenn ich dann auch nur einen Pieps sage, ist er gleich beleidigt und schmeißt hin. Natürlich mache ich manche Dinge anders - weil es so einfacher ist, wenn man immer alles allein machen muss.
Ich versuche auch immer wieder mal, allein vor die Tür zu kommen, zum Einkaufen, für einen „Mädelsabend" oder auch mal Zeit zu haben für ein entspanntes Bad. Anfangs meldete er sich dann dauernd bei mir mit Fragen. Inzwischen hat er gelernt, allein mit den Zwillingen zurecht zu kommen. Er füttert sie, er badet sie, er bringt sie ins Bett. Ich hab's ja auch nicht anders gelernt. Und es klappt. (Mia P.)

Obwohl er zwölf Stunden und mehr arbeitet, schaut mein Mann sehr darauf, dass er jeden Tag Zeit hat, mit unseren Kinern zu spielen. In den ersten Monaten kümmerte er sich auch in der Nacht um unsere Jungs, obwohl ich sie stillte und die beiden Fläschchen nicht mochten. Er passt auch auf auf die Zwillinge, während ich zum Einkaufen gehe.
In den ersten zwei Wochen nachdem ich aus der Klinik nach Hause kam, hat er sich Urlaub genommen, um mitzuhelfen. Das hat auch wunderbar geklappt.
Ich arbeite derzeit nicht. Deshalb kümmere ich mich tagsüber um unsere Zwillinge. Aber abends, wenn er von der Arbeit kommt, nimmt er sie mir ab, damit ich in Ruhe unser Abendessen kochen kann.
Wenn er da ist, teilen wir uns die Arbeit Fifty/Fifty. Und es klappt wirklich super. (Alana H.)

Mein Mann hat mir in der ersten Zeit, nachdem ich mit den Zwillingen aus der Klinik kam, sehr geholfen, vor allem nachts. Das hielt aber nicht lange an. Schon bald sagte er,

er müsse schließlich schlafen, um für seinen Job fit zu sein. Und so saß ich manche Nacht allein mit zwei hungrigen Mädchen. Immerhin konnte ich mich dann hinlegen, wenn er nach der Arbeit nach Hause kam.
Je älter unsere Zwillinge wurden, umso weniger packte er mit an. Jetzt sind sie zwei Jahre alt und immerhin: er spielt mit ihnen, wenn er nach Hause kommt. Und das zählt.(Kayla T.)

Hey, wir haben 2016! Ich erwarte, dass wir uns die Versorgung der Zwillinge teilen! Und er sieht das ganz genauso. Schließlich ist er nicht der Babysitter, sondern wir sind Eltern. Wir beide hatten Väter, die sich wenig um uns gekümmert haben. Und mit dieser „Tradition" wollen wir definitiv brechen. Uns ist es wichtig, für unsere Zwillinge gemeinsam da zu sein. (Stephanie R.)

Er hilft immer! In den ersten zwei Monaten konnte er sogar zu Hause bleiben. Ich hatte einen Kaiserschnitt und keine Familie vor Ort. So blieb meinem Mann gar nichts anderes übrig, als sich frei zu nehmen und uns alle drei zu versorgen.

In der Anfangszeit war es wirklich sehr schwer für ihn, denn ich konnte nicht viel tun, weil mir der Kaiserschnitt zu schaffen machte und die Wunde immer noch weh tat.

Zu allem Übel bekam ich noch eine Wochenbett-Depression und war wirklich zu fast gar nichts zu gebrauchen.

Jetzt sind unsere Zwillinge vier Monate alt und alles läuft ein bisschen entspannter. Mein Mann geht wieder normal arbeiten und in diesen zwei Monaten hat alles gut geklappt. Wenn er nach der Arbeit heimkommt, kümmert er sich sofort um die Babys. Er spielt mit ihnen, füttert sie, badet die beiden.

Ich bin so froh, einen so lieben und tatkräftigen Mann zu haben! (Christina W.)

Oliver hilft wirklich viel mit. Wir haben wenig Unterstützung von der Familie, also blieb uns gar nicht anderes übrig, als allein klar zu kommen.

Ich weiß, dass ich mich glücklich schätzen kann und er weiß, dass ich ihn machen lasse, ohne dauernd zu kritisieren oder ihm vorzuschreiben, wie er die Zwillinge versorgen, anfassen, füttern, baden usw. soll.

Ich habe Freundinnen, da machen die Männer gar nichts mehr, weil sie es ihren Frauen einfach nicht recht machen können. Immer, wenn sie sich ums Kind kümmern, zum Beispiel anziehen, kommen meine Freundinnen und ziehen die Kleinen wieder um, weil ihnen etwas nicht passt. Kein Wunder, dass da die Männer die Lust verlieren, mitanzupacken.

Unser erstgeborener Sohn hatte anfangs die Windel ein paar mal falsch herum an. Ich habe nichts gesagt und war riesig froh, dass er mich nachts hat schlafen lassen. Vielleicht hat Oliver den Fehler später selbst herausgefunden. Egal! (Kathi G.)

Komme gerade von meinem Mädelsausflug zurück. Mein Mann ist super. Er hat sich von Anfang an um alles gekümmert - schon auf der Neugeborenenstation wollte er alles genau wissen, hat immer nachgefragt und sich alles erklären lassen. Er hat sich auch um die ganze Ausstattung gekümmert, alles recherchiert und hat sich informiert. Vor der Geburt der Zwillinge haben wir viel miteinander gesprochen, alles durchdiskutiert und jeder hat seine Erwartungen erklärt.

Unsere Zwillinge sind jetzt fünf Jahre alt. Es ist nicht immer leicht, dem anderen frei heraus zu sagen, was man erwartet und dass man Hilfe braucht. Und zwar genau jetzt.

Zwillingseltern lassen sich relativ oft scheiden, weil sie einer großen Belastung ausgesetzt sind. Weil wir das wissen, versuchen wir zusammen zu arbeiten und vor allem zusammen zu bleiben. (Karen A.)

Hilfe? Welche Hilfe? Mein Mann ist jetzt wesentlich besser als am Anfang. Jetzt, wo sie größer sind, kann er einfach mehr mit ihnen anfangen. Er spielt mit den Zwillingen und beschäftigt sie.

Aber als die Zwillinge klein waren und alle zwei Stunden ein Fläschchen brauchten, hat er ihnen nur das Fünf-Uhr-Fläschchen gegeben. Er stand einfach eine halbe Stunde früher auf, bevor er zur Arbeit musste. Gut, ich konnte dadurch etwas länger schlafen.

Derzeit arbeiten wir beide Vollzeit. Er behauptet allerdings, dass sein Job körperlich anstrengender sei und dass er deshalb mehr Schlaf brauche … (Kristen E.)

Wir teilten uns die Zwillinge. Nachts nahm er einen der Zwillinge zu sich ins Bett und ich nahm den anderen. „Mein" Zwilling fing früher an, durchzuschlafen.

Mein Mann hat sich weiter um unseren älteren Sohn gekümmert, der früher wach war. Und da mein Mann auch früher von der Arbeit zu Hause ist, holt er alle drei Kinder von der Krippe ab und kümmert sich um sie. Wenn ich dann nach Hause komme, bin ich für's Essenkochen zuständig. Und ins Bett bringen wir sie gemeinsam. (Sarah S.)

Bei uns war ich es, die anfangs mehr Geld verdiente. Also blieb mein Mann das komplette erste Jahr zu Hause und kümmerte sich um die Zwillinge. Heute arbeitet er vier Tage pro Woche und ich sechs. Im Moment bin ich ziemlich fertig und auch frustriert. Gestern zum Beispiel habe ich zwölf Stunden gearbeitet, dann war ich noch einkaufen und schnell, schnell nach Hause, um zu kochen.
Unser älterer Sohn hatte dann plötzlich Fieber. Die Nacht war entsprechend und morgens musste ich wieder raus, um die Fläschchen vorzubereiten.
Ich bin froh, dass es diese Facebookgruppe gibt, damit ich bei Gleichgesinnten mal Dampf ablassen kann. (Anne H.)

Vor unseren Zwillingen hatten wir zwei „Einlinge". Damals fand ich, dass sich mein Mann viel zu wenig eingebracht hat. Das meiste blieb an mir hängen.
Seit wir die Zwillinge haben, traue ich meinen Augen nicht. Mein Mann hat sich total gewandelt. Er hilft jetzt super mit, steht sogar mit mir mitten in der Nacht auf, um die Zwillinge mit mir zusammen zu versorgen.
Unsere Zwillinge haben schon mit drei Monaten angefangen, durchzuschlafen. Und ich war schon ein paar mal mit meiner Freundin allein aus - mein Mann passt dann auf die Kinder auf und es kommt auch kein Gemecker von ihm. Einfach toll!
Vielleicht hätte ich ihm früher einfacher direkter sagen müssen, dass ich mich überfordert fühlte. (Karin F.)

Björn hilft viel mit. Das muss er auch, denn er hat nicht „nur" Zwillinge sondern Drillinge, nämlich Helena, Johanna und Sophia.

Hier haben Zwillingsväter und ein Drillingsvater Rede und Antwort gestanden.
Jörg Schumacher, „Zwillingsvater werden. Einfach?? Nein, doppelt!!", 14,90 Euro, ISBN 978-3-927058-77-4, im Buchhandel und unter www.twins.de

ZWILLINGSMUTTER: alleinerziehend - was nun?

Esst Euer Eis auf, sonst gibt's keine Pommes!

Zwillinge stellen manche Familie auf den Kopf - und ohne Mithilfe des Zwillingsvaters sind die Herausforderungen kaum zu bewältigen - siehe Seite 36 bis 39. Was aber, wenn sich der Zwillingsvater „dünne" macht? Den Humor nicht verlieren - Katja Zimmermann hat deshalb ein Buch geschrieben.

Alleine mit Kindern? Dann sind Sie in bester Gesellschaft. Schon 2,3 Millionen Kinder wachsen in Deutschland in Ein-Eltern-Haushalten auf - Tendenz steigend. Auch Katja Zimmermann kämpft solo um Betreuung und mit ihren eigenen Ansprüchen, seit sich der Vater ihrer ungeborenen Zwillinge aus ihrem Leben verabschiedet hat.

Und immer wieder hört sie diesen Satz: „Wie schaffst du das nur, alleinerziehend mit Zwillingen? Ich bin schon mit einem Kind und Mann überfordert." Katja antwortet darauf höflich und routiniert: „Zum Glück weiß ich ja nicht, wie es mit einem Kind und Mann ist." Und verkneift sich den anderen Teil der Wahrheit: „Ich kann es mir einfach nicht leisten, so viel Gewese um alles zu machen wie ihr." Inzwischen sind die Zwillinge aus dem Gröbsten raus.

Katja Zimmermann hatte traurige Zeiten, einsame Momente, aber auch eine Menge lustiger Erlebnisse. Sie hat erkannt: Mit Gelassenheit und sehr viel Humor ist das Leben als Alleinerziehende nur halb so anstrengend.

Jetzt hat sie ihre Erlebnisse als Alleinerziehende mit Zwillingen in einem Buch zusammengestellt. Mehr darüber erfahrt Ihr in ZWILLINGE - DAS MAGAZIN Ausgabe März/April 2017.

Über die Autorin:

Katja Zimmermann wurde 1972 in Westberlin geboren und arbeitet als freie Drehbuchautorin für alle Serien mit »Liebe« im Titel. Spezialität: Hochzeitsfolgen. Boshaftigkeit oder Ironie des Schicksals?

Über das Buch:

272 Seiten, Originalausgabe
€ [D] 9,99 / € [A]10,30 / sFr 11,50
ISBN: 978-3-548-37670-7
bestellbar im gesamten Buchhandel

KINDERBÜCHER: mehr Phantasie mit „Wampel"

Kinder brauchen mehr Phantasie: deshalb Wampel

Kinder haben unglaublich viel Phantasie und Kreativität. Diese gilt es in der hektischen Alltagswelt zwischen den Terminen von Schule Freizeit und unter Dauerberieselung der vielen Medien zu fördern. Und dieser phantasievolle Raum wird in den Kinderbüchern vom Wampel geschaffen. Wampel ist ein kleines Wesen. Es kann mit seinen Antennenohren Erdbeeren wachsen hören und ist ganz süchtig nach Erdbeeren und Schokolade. Es wohnt in einer magischen Welt, Wampelonia. Diese Welt ist aus den Träumen der Kinder gemacht. Es gibt dort beispielsweise eine Schmatzinsel, die nur aus Süßigkeiten besteht; eine gelbe Glückswelt mit prachtvollen Schlössern, eine blaue Wasserwelt, mit Nixen und Wasserrutschen; eine rote Feuerwelt, mit wilden Feuertieren und dem gefährlichen Fliegenpilzwald, mit Knotsch und den Knorks. Auch Feen, Schätze und sprechende Bäume finden sich in Wampelonia.

Wampel ist in der Menschenwelt oft unsichtbar, es kann sogar sein, dass es gerade neben dir sitzt oder auf der Lampe schaukelt. Manchmal zeigt es sich auch und nimmt ein Kind mit nach Wampelonia. Anlocken kann man es gut mit Erdbeeren oder Erdbeertorte. Es ist halb rot, von den vielen Erdbeeren und halb braun, von der Schokolade, die es isst. Auf seinem Bauch funkelt sein Wunschstein, der zum Beispiel Flügel für die Kinder zaubern kann. Auch Wampel hat Flügel und einen gestreiften Schwanz.

Sein häufigster Gegner, ist das Knotsch. Knotsch ist gelb-grün gestreift und lebt im Fliegenpilzwald. Es ist immer mies drauf und macht ziemlich ekelige Suppen, in die er Wampel schon oft mit hinein rühren wollte. Knotsch hat einfach kein Benehmen, er ist rotzfrech und kann richtig

gefährlich werden. Schnuppert mal rein auf:

www.wampel.net

Das neue Wampel-Buch „Der Kampf um Wampelonia" ist ein Buch für Kinder zwischen 4 - 9 Jahren. In Wampelonia macht sich die Dunkelheit breit und Wampel versucht mit Hilfe eines Menschenkindes (Hanny), Wampelonia zu retten. Wampel wird gefangen und Hanny muss durch die Schmatzinsel, die gelbe Wüstenwelt, die blaue Wasserwelt und die rote Feuerwelt, um Wampel zu befreien und Wampelonia mit der letzten Gabe (von drei Gaben), dem Mut-Horn zu retten.
17,99 €, ISBN 978-3-7347-5728-0

FOTOPARADE: Zwillinge & Drillinge unserer Leser

Endlich ist der Winter da!

Leon und Leonie sind schon alte Schneehasen und bauen einen Schneemann.

Endlich Schnee: Björn und seine Brüder Sören und Emil freuen sich!

Etwas skeptisch: Lilly und Laura testen den ersten Schnee ...

Jule und Rosa (links) freuen sich über Schnee in Hamburg - gibt's ja nicht so oft ...

Eigentlich wollten wir in ZWILLINGE - DAS MAGAZIN Fotoseiten einsparen, um mehr Text zu liefern. Aber mal ehrlich: Das Auge „liest" mit ...

Vincent und Philipp aus Vorarlberg (rechts) lieben Schnee ...

Und nochmal zwei kleine Österreicher: Maximilian und Magdalena üben das erste Schlittschuhfahren.

Senden Sie uns Ihre liebsten Fotos - bitte mit dem Namen der Kinder & ohne Bearbeitung: info@twins.de

NAMEN FÜR ZWILLINGE & DRILLINGE

Namen für Zwillinge & wie unterscheidet Ihr sie?

Wie sollen Zwillinge heißen? Sollten sich die Namen unterscheiden? Wie findet man Namen, die zueinander passen? Und natürlich: Gibt es weitere Merkmale, wie man eineiige oder besonders ähnliche Zwillinge unterscheiden kann? Zwillingsfamilie W. wollte ähnliche Namen und hat sie gefunden.

Als wir erfuhren, dass wir eineiige Zwillingsmädchen erwarten, ging es mit der Namenssuche erneut los. Unser erstes Kind heißt Josephine. Wir wünschten uns für sie einen Namen, den sie auch im Erwachsenenalter seriös tragen kann, der aber Verniedlichungen (Josie, Finchen, ...) zulässt.

Nach einigen erstellten Listen, gemeinsamen Überlegungen und Beratungen im Familien- und Freundeskreis, kam mein Mann mit einem seiner Lieblingslieder „Josephine" von Reamonn und sagte sehr überzeugend, dass unser Kind nun so heißen wird. Ich war begeistert, auch wegen der international möglichen Aussprache, und wir legten glücklich all die Namenslisten zur Seite.

Die Namen der Kinder sollten zueinander passen

Diese holten wir nun wieder hervor und mein Favorit (wie auch schon bei Kind 1 sehr weit vorne) war Carolin. Uns war wichtig, dass die Zwillinge einander zu-

Josi hat ihre beiden Zwillingsschwestern Flori (links) und Caro fest im Griff. Hier passen nicht nur die Namen zueinander. Auch die drei Mädchen verstehen sich bestens.

geneigte Namen haben und sich nicht komplett unterscheiden, zum Beispiel in Klang und Länge ...

Wir favorisierten nun schon mal Caroline für das zweite Kind und freuten uns über die gleiche Endung bei Kind eins und zwei. Unsere „Inchen" brauchten aber noch einen vernünftigen Namen mit „ine" für Kind drei.

Wir brauchten drei „inchen" ...

Nach vielem vergeblichen Suchen, Befragungen und Überlegungen hatten wir nur Quatschnamen: Orangine, Apfelsine, Mandarine, Jaqueline, Hermine, Quirine, Laurentine, ... (wir möchten niemandem mit diesen Namen abwerten, es sind jedoch Namen, die für uns NIE in Frage gekommen wären...) Es war furchtbar!

Und endlich hatte ich einen Namen gefunden, der zwar ungewohnt, aber bald passend war: Florentine! Unser Trio war jetzt komplett!

Josie, Caro und Flori scheinen mit unserer Wahl sehr zufrieden zu sein und auch sonst gab es nur wenig unstimmige Reaktionen: „Alles Inchen? Warum heißen die denn alle fast gleich?"

Mittlerweile sind alle drei eigene Persönlichkeiten

Mittlerweile wird jedes Kind als kleine eigene Person wahrgenommen. Dies ist in so kurzer Zeit wahrscheinlich auch so gut gelungen, weil wir die Zwillinge immer unterschiedlich anziehen.

Zwar hatte uns der liebe Gott ein Erkennungszeichen mitgegeben, weil er Caro mit einem Blutschwämmchen am Kopf markiert hat, jedoch war unsere Sorge nach drei Wochen mit Zwillingen, dass wir zukünftig nicht mehr genau wissen können, wer wer auf den Fotos ist. Ein grauselige Vorstellung, was uns zu folgender Eselsbrücke brachte:

Caro"line" trägt immer etwas gestreiftes und Florentine immer etwas florales, also mit Blümchen. Wenn das Muster sehr offensichtlich ist, kann das zweite Kind auch neutral angezogen sein, aber die Kinder fordern morgens schon deutlich ihre Kleidung ein.

Durch diesen Trick war auch die Eingewöhnung im Kindergarten sehr unkompliziert und nach kurzer Zeit konnte Erzieherinnen wie Kinder unsere Twins unterscheiden und richtig ansprechen.

Auch im Kinderwagen kennt man die Zwillinge auseinander

Wir hoffen sehr, ihre Persönlichkeitsentwicklung dadurch positiv zu unterstützen. Bei der Platzvergabe im Kinderwagen entschieden wir uns für Caro"links"e und Flo"rechts"tine, so dass man hinter dem Wagen herlaufend wusste, wer wo Quatsch macht ;-) (Alexandra C. W.)

Jeder Zwilling ist einzigartig

16,90 €, ISBN 978-3-927058-69-9

REZEPT: Schokoladenverwertung

Leckere Schokocrossies gehen immer ...

Geht es Euch nicht auch so: Sind Weihnachten oder Ostern rum, bleibt ein Berg von Schokolade übrig. Weihnachtsmänner und Osterhasen - keiner mag sie mehr essen, wenn die Zeit dafür vorbei ist. Hier zwei Rezepte, was man damit machen kann. Da machen auch Eure Zwillinge begeistert mit.

Schokocrossies

Zutaten

- 4 Tafeln Schokolade, Vollmilch (oder übriggebliebene Schokolade von Weihnachten = Weihnachtsmänner);
- 1 Tafel Schokolade, zartbitter (ebenfalls Resteschokolade)
- 50 g Palmfett (Palmin)
- 300 g Cornflakes
- 100 g Nüsse, gehackte
- 1 Päckchen Vanillezucker

Zubereitung

Arbeitszeit: circa 30 Minuten;
Ruhezeit: circa 2 Stunden;
Schwierigkeitsgrad: normal;
Kalorien p. P.: besser keine Angabe ;-))

Arbeitsschritte:

- Schokolade mit Palmin im Wasserbad schmelzen;
- Vanillezucker unterrühren.
- Cornflakes etwas zerdrücken und mit den Nüssen mischen.
- Cornflakes und Nüsse unter die Schoko-Fett-Masse heben.
- Solange mischen bis die Cornflakes richtig schön schokoladig sind.
- Die Masse mit einem Teelöffel auf ein mit Backpapier ausgelegtes Backblech verteilen.
- Mehrere Stunden kaltstellen.

So verschwinden übriggebliebene Weihnachtsmänner und Osterhasen dorthin, wo sie hin sollen: in die Münder der Kinder und der Erwachsenen.

Chocolate Snack

Das Rezept stammt aus Amerika. Man braucht dazu eine große saubere Papiertüte (oder eine große Tragetasche aus Papier).

Zutaten

- 200 g Kuvertüre, Vollmilch (man kann auch Reste nehmen)
- 200 g Kuvertüre, Zartbitter (oder Restschokolade)
- 200 g Erdnussbutter oder mehr
- 125 g Butter
- 500 g Puderzucker
- 1 Packung Cornflakes

Warum immer wieder Rezepte in ZWILLINGE - DAS MAGAZIN? Ganz einfach: weil gemeinsames Backen und Kochen Spaß macht, weil wir hier kindgerechte Rezepte bringen und weil Zwillinge - hier Sergej und Vladimir - so gut beschäftigt sind.

Zubereitung

- Die Schokolade, die Erdnussbutter und die Butter in eine große Schüssel geben und für vier Minuten in der Mikrowelle erhitzen, bis die Zutaten geschmolzen sind.
- Anschließend gut verrühren und etwas erkalten lassen.
- Dann die Cornflakes vorsichtig unterrühren, so dass die Flakes nicht kaputt gehen (man denkt die Schoko reicht nicht und die würden nie zusammen halten, aber das täuscht).
- Dann die Mischung in die große Papiertüte schütten und den Puderzucker drüber schütten.
- Die Papiertüte oben einmal umknicken, damit nichts raus fällt, denn jetzt wird kräftig geschüttelt.
- Durch das Schütteln schließen sich Flakes zusammen und werden von der Schokolade ummantelt und durch den Puderzucker klebt nix zusammen (selbst an der Tüte haftet keine Schokolade).
- Dann das Ganze wieder in eine Schüssel geben und zum Aushärten in den Kühlschrank stellen.

Arbeitszeit: circa 15 Minuten
Schwierigkeitsgrad: simpel
Kalorien p. P.: keine Angabe

•••••••••••••••••••••••••••••••

Osterrezepte gesucht

Wir suchen für unsere Frühjahrsausgabe ZWILLINGE - DAS MAGAZIN Rezepte für Ostern. Vorzugsweise sollten Zwillinge oder Drillinge an der Zubereitung beteiligt sein.

Schickt Eure Ideen und Fotos Eurer Back- oder Kochveranstaltungen einfach an

info@twins.de

Das betreffende Heft mit Eurem Beitrag bekommt Ihr wie immer gratis zugeschickt. Wenn Ihr ein Abo habt, sucht Euch ein anderes Buch aus.

KINDERGARTEN: So hat unser Start geklappt

Kindergartenstart: So lief es bei uns

Der Start im Kindergarten ist der erste „Härtetest" ... werden sich die Zwillinge wohlfühlen? Wird die Abnabelung von der Mutter klappen? Wird die Abnabelung vom Zwillingsgeschwisterchen klappen? Und viel wichtiger: Wird sich die Zwillingsmutter von den „lieben Kleinen" abnabeln können? Brigitte S. hat aufgeschrieben, wie es mit ihren Pärchenzwillingen gelaufen ist.

Es ist jetzt schon wieder ein halbes Jahr her, seit unsere Zwillinge Mareike und Thomas in den Kindergarten gekommen sind. Mit fast vier Jahren, also in einem Alter, wo das schon reibungslos klappen könnte.

Hat es auch. Aber im Vorfeld habe vor allem ich mir am meisten Sorgen gemacht. Unbegründet - wie sich dann herausstellte. Aber, weiß man das vorher? Nein, natürlich nicht.

Unsere Zwillinge sind nur etwa vier Wochen zu früh geboren. Somit waren wir von Anfang an eher begünstigt vom Zwillingselternschicksal. Nach einem Klinikaufenthalt von nur etwa 14 Tagen durfte ich die beiden schon nach Hause nehmen.

In der ersten Zeit zu Hause war dann nichts mehr wie vorher. Füttern im Zwei-Stunden-Rhythmus, Blähungen, schreiende Zwillinge - der Junge mehr als das Mädchen. Er schien immer irgendwie größere Probleme zu haben als seine Schwester, wenn es überhaupt Probleme gab.

Es gab eher weniger Probleme. Die üblichen Anfangsschwierigkeiten mit wenig Schlaf, eigener Unsicherheit und leider dann auch ein paar Erkältungskrankheiten, später dann die Zähne, die auch ein wenig Zicken machten.

Ansonsten entwickelten sich die beiden gut und eigentlich altersgerecht.

Je älter sie wurden, desto mehr konnten sie miteinander anfangen. Es gab sogar so etwas wie gemeinsames Spiel, als sie anfingen, sich Spielzeug zuzureichen. Aber auch gegenseitig wegzunehmen.

Witzigerweise war auch hier Mareike die Stärkere. Sie beanspruchte die Führungsposition und Thomas hatte mehr als einmal das Nachsehen.

Er wehrte sich mit Schreiattacken. Und obwohl uns die Ohren klangen vom Schreien, hatten wir Mitleid mit dem armen Kerl. Wer wollte schon eine so dominante „Frau" um sich haben?

Wir besuchten gemeinsam einen Spielkreis. Dort taute auch Tommy auf. Mareike spielte dort in einer ganz anderen Ecke, Tommy fand Anschluss bei den anderen Jungs und tobte ebenso ausgelassen herum.

Als das Kindergartenalter näher rückte, beziehungsweise bereits im Vorfeld, als wir die beiden im örtlichen Kindergarten anmelden mussten, machten wir uns Gedanken, ob es nicht sinnvoll wäre, die beiden im Kindergarten zu trennen. Thomas schien jeweils aufzublühen, wenn Mareike nicht da war. Sie hatte schon früh Verabredungen mit kleinen Freundinnen vom Spielkreis. Thomas blieb dann gerne zu Hause bei mir. Endlich hatte er mich ganz für sich! So interpretierte ich das jedenfalls.

Auch die Pärchenzwillinge Noah und Tabea kommen in den Kindergarten. Die kleine „Schultüte" und die eigenen Kindergartentaschen versüßen den großen Schritt.

Und auch mir tat es gut, mich einmal nur auf ein Kind konzentrieren zu können.

Schon bald war die getrennte Unterbringung im Kindergarten beschlossene Sache. Jedenfalls, solange die Leiterin unseres Kindergartens nicht anrief und mich wissen ließ, dass es mit den getrennten Gruppen nicht klappen würde, da diesmal nur eine Gruppe zustandekäme.

Da standen wir nun mit unserer mühsam erkämpften Entscheidung - und dann DAS!

Der Tag des Kindergartenbeginns kam näher und näher ... wir besorgten unterschiedliche Brotzeittaschen für die beiden und auch kleine Schultüten damit sie - fast wie die Großen in die Schule - in den Kindergarten gehen konnten.

Die Aufregung aber auch die Freude war groß. Mareike freute sich auf ihre Freundinnen, Thomas war auch guter Dinge. Auch er kannte einige Kinder vom Spielkreis. Und so war zumindest der erste Tag ein Tag der Freude und es flossen keine Tränen.

Keine Tränen? Das wäre gelogen. Denn die einzige, die ein bisschen weinen musste, war ich. Ja, ich. Mir war der Abschied echt schwer gefallen und erst einmal wusste ich nichts mit mir anzufangen, als ich die beiden schon am zweiten Tag für zwei Stündchen allein dort lassen konnte.

Jetzt gehen Mareike und Thomas sehr selbstbewusst in den Kindergarten. Die Erzieherin hat mir gesagt, dass sie meist getrennt spielen und eigene Freunde, bzw. Freundinnen haben. Aber - sobald Thomas in Problemen steckt (etwa, weil ihm ein Spielzeug weggenommen wird), kommt Mareike auf den Plan, um ihren Zwillingsbruder zu verteidigen.

Und das macht sie ganz geschickt, eher diplomatisch und nicht mit Hauen.

Das hätte ich nicht gedacht, dass sie so viel Fürsorge entwickelt. Und so gesehen, ist es doch ganz toll, dass die beiden ungleichen Zwillinge in einer gemeinsamen Kindergartengruppe sind. Alle Sorgen umsonst!

(Brigitte S.)

ZWILLINGE & SCHULE: Hochbegabung - ein Fluch?

Zwillinge: Hochbegabung Fluch oder Segen?

Zwillinge können eine Herausforderung darstellen - keine Frage. Was aber, wenn zu dieser Herausforderung ein ganz spezielles Problem hinzukommt? Sabine R. hat ihre Geschichte und die ihrer Zwillinge Hella und Jakob aufgeschrieben. Hier Teil 1 der spannenden Geschichte.*)

Vor Vertiefung in dieses Thema kurz unsere Geschichte:

Nach jahrelanger Hormontherapie und zwei Fehlgeburten wurden unsere beiden Kinder Jakob und Hella am 16. April 2004 in der 33. Schwangerschaftswoche mit einem Gewicht von 1.998 Gramm und 1.989 Gramm geboren. Die Kinder blieben vier Wochen im Brutkasten in der Frankfurter Uniklinik, jedoch ohne größere gesundheitliche Probleme. Extrem belastend war diese Zeit für mich, da ich mit dem Pflegepersonal viel Ärger hatte: Mütter, die zwei Tage nach einem Kaiserschnitt von morgens um 7.00 Uhr bis abends 20.00 Uhr bei den Kindern waren, wurde nicht gerne gesehen. Wir haben bei 2.200 Gramm die Klinik auf eigene Verantwortung verlassen.

Die Babyzeit war extrem anstrengend: Jakob war ein ruhiges Kind und hat gern geschlafen, aber nicht gerne getrunken.

Hella dagegen war eine Strafe: sie wollte nicht schlafen - weder nachts, noch tagsüber. Außerdem war die ein extremes „Mamakind" - ihr Vater war nur für sie nur tagsüber zu „gebrauchen" - nachts wollte sie nur mich. Sie klebte an mir wie eine Klette und konnte nie von mir genug bekommen, egal, wieviel Zuwendung ich ihr gab.

Heute denke ich, dass unsere erste Begegnung im Krankenhaus nach 24 Stunden die Ursache war: beide Kinder lagen gemeinsam in einem Brutkasten, da sie auf die „normale" Frühgeborenenstation verlegt werden sollten. Die Schwester öffnete die Klappe und meinte, wir könnten sie ruhig anfassen. Irgendwas habe ich wohl gesagt, Hella öffnete die Augen und erkannte meine Stimme genau: es war phänomenal, sie ließ den Blick nicht mehr von mir ab.

Jakob dagegen rührte sich nicht und öffnete auch erst nach zwei Wochen erstmals die Augen. Hella war sofort im Leben angekommen - Jakob war dagegen so hilflos und hat mich einfach mehr gerührt. Meiner Meinung nach hat Hella das genau gemerkt - sie war nicht die Nummer Eins, was doch normalerweise bei einem „Einling" so ist. Nicht, dass ich sie nicht geliebt hätte, aber es kann nicht gleichzeitig zweimal die Nummer Eins geben! Und ich bin sicher, wenn man so nah an der Grenze des Lebens steht, egal ob Geburt oder Tod, dass diese Verbindung genau gespürt wird.

Häufig hörte ich von Außenstehenden, dass ich zu Hella viel strenger und ungeduldiger war, als zu Jakob. Aber Hella hat mich mit ihrem „niemals-genug-bekommen", egal was ich gemacht habe, teilweise sehr aggressiv gemacht. Schon zur Babyzeit hatte ich Panik vor den Konflikten in der Pubertät, die jedoch ganz anders gekommen sind, als befürchtet.

Da ich die Kinder voll gestillt habe, war der Vater nachts sowieso nicht sehr nützlich. Hella klebte jedoch wie eine Klette an mir - von meinem Sohn habe ich in den ersten Jahren nicht viel gehabt - er war immer beim Vater.

Um wenigstens überhaupt zum Schlafen zu

Mehr Zwillinge als jedermann dachte: Hella und Jakob in einer wichtigen Beziehung, die natürlich auch von Konkurrenz und Wetteifer, aber auch von gegenseitigem Gebrauchtwerden geprägt war. Nur mit Irene und später im Kinderladen fühlten sich die beiden sehr wohl.

kommen, haben wir ein großes Familienbett von 2,40 Meter Breite über eine gesamte Zimmerwand gebaut, was sich als sehr nützlich erwiesen hat: bis ins „hohe" Alter haben unsere Kinder dort mit uns geschlafen: Jakob nutzte erst mit circa elf Jahren sein eigenes Bett, Hella erst mit zwölfeinhalb Jahren.

Glücklicherweise konnte mein Mann nach der Geburt seine Arbeitszeit auf halbtags verkürzen, so dass ich mich nachmittags - zumindest theoretisch - um meinen Betrieb kümmern konnte. Praktisch war aber im ersten Jahr eigentlich laufend ein Kind zu stillen, ein Kinderarzttermin wahrzunehmen oder auch nur ein völlig genervter Vater zu entlasten.

Nach einem Jahr wurde die Firma meines Mannes geschlossen und ich arbeitete wieder ganze Tage, was auch finanziell nach drei Jahren Krankheits-, Schwangerschafts- und Mutterpause dringend notwendig war.

Ich hatte dann zwar meinen Mann zu Hause, der sich um die Kinder kümmerte, der Haushalt und der stressige Job waren auf Dauer jedoch einfach nicht zu bewältigen. Nach einem halben Jahr haben wir unser Super-Kindermädchen Irene gefunden.

Eigentlich hat sie unsere Kinder erzogen (von eineinhalb bis dreieinhalb Jahren) - bei ihr haben sie problemlos alles gemacht, was bei uns häufig ein Drama war: Mittagsschlaf bei Hella, Essen bei Jakob, mit zwei Jahren waren sie sauber. Und das Ganze in einem leisen und ruhigen Ton.

Obwohl Irene mittlerweile seit acht Jahren wieder in Schottland wohnt und selbst drei Kinder hat (Nachtrag: mittlerweile fünf Kinder), haben wir noch immer einen engen und herzlichen Kontakt. Wir sind ihr für diese Zeit sehr dankbar.

Als unsere Zwillinge dreieinhalb Jahre alt waren, bekamen wir einen Platz in einem Kinderladen um die Ecke. Das war das Ende der „Irene-Zeit" und der Anfang einer neuen, jedoch auch sehr harmonischen Kinderladen-Zeit, aus der wir bis heute noch viele Freunde haben. Mit nur fünfzehn Kindern und immer drei Bezugspersonen ein Luxus, den wir erst später als solchen erkannt haben.

Erstmals ist mir damals beim Eintritt in den Kinderladen aufgefallen, dass unsere beiden Kinder im Vergleich zu den anderen Kindern sehr gut gesprochen haben. Ich dachte jedoch, dass dies von der sehr guten und deutlichen Sprechweise von Irene kam, die als Schottin zwar einen Akzent hatte und die Artikel gelegentlich falsch sprach, ansonsten aber sehr gut Deutsch konnte. Der Übergang in den Kinderladen war problemlos: während Hella körperlich ihrem Bruder weit überlegen war (sie konnte früher krabbeln, laufen, Rad fahren, etc.), ist Jakob bereits als sehr kleines Kind als „Denker" aufgefallen. Er war sehr langsam in allen Dingen - man konnte fast zuschauen, wie sich in seinem Kopf „die Rädchen" drehen. Das Sprechen begann bei ihm sehr früh - ich kann nicht mehr sagen, wann. Sein erster Satz ist jedoch sicher sehr zwillingstypisch: Hella abwechseln, Jakob ist dran. Für Außenstehende nicht zu verstehen. Wohl aber ein Hinweis, dass das Teilen ein wichtiges Thema bei uns war bzw. ist.

Wir haben immer schon unseren Kindern viel vorgelesen und hatten eine riesige Menge an Kinderbüchern. So hat es uns auch nicht erstaunt, als Jakob mit circa viereinhalb Jahren anfing, die Buchstaben zu entziffern. Wir dachten, es dauert ihm einfach zu lange, bis wir abends unsere Lesezeit haben. Zuerst hat er die Anfangsbuchstaben der Kindernamen, die im Kinderladen an den Schubladen standen, gelernt. Später hat er gezielt nach den kleinen Buchstaben gefragt, da er mit den Großbuchstaben noch immer kein Buch selbst lesen konnte. Für uns war das eine Qual, da wir zum Essen alles in „neutrale" Behälter umfüllen mussten - sonst hat Jakob nur noch versucht, die Worte zu lesen und konnte überhaupt nicht mehr essen. Im Alter von fünf Jahren hat er komplette Bücher selbstständig gelesen.

Der Schulbeginn war schwierig: unabhängig voneinander waren mein Mann, die vier Betreuer im Kinderladen und ich zur Überzeugung gekommen, dass beide Kinder doch noch sehr klein sind und der Schulbesuch zu früh wäre. Selbst die Schulärztin war bei der Untersuchung der Meinung, die Kinder seien doch noch sehr verspielt, jedoch zu „weit", um in eine Vorschuleinrichtung zu gehen. Wobei der reguläre Geburtstermin Anfang Juni gewesen wäre und der Stichtag für die Einschulung war der 1. Juli. Bei dem Einschulungstermin wird jedoch die um 7 Wochen zu frühe Geburt nicht mehr berücksichtigt.

Selbstbewusst sind wir dann vor dem offiziellen Termin zur Schulleiterin der Grundschule gegangen, die uns zuvor telefonisch versicherte, dass wir mit einer späteren Einschulung „offene Türen" einlaufen würden. Das „Gespräch" war jedoch sehr ernüchternd und extrem kurz: sie befragte Jakob nach Tieren, die auf einem Plakat abgebildet waren. Zum einen kannte er sie alle, da wir ein Riesenbuch mit Tieren hatten, zum anderen konnte er die Namen lesen, die darunter standen.

Hella antwortete auf die Fragen, wie es ihr im Kinderladen gefallen würde, dass sie das gut fände, weil sie da auch nicht hin müsste, wenn sie dazu keine Lust hätte. Warum sie das sagte, konnte ich nicht verstehen, da sie IMMER sehr gerne hingegangen ist und bei Krankheit zu Hause eben nicht sehr glücklich war. Wir dachten jedoch, dass ein Gespräch mit uns Eltern danach folgen würde, was jedoch falsch war: nach den wenigen Minuten erklärte die Rektorin, dass beide Kinder sehr wohl reif für die Schule wären und wir das ihr schon überlassen sollten.

Es folgte eine Zeit, in der wir sehr unsicher waren und viele Möglichkeiten der Umgehung suchten: Ummelden in die Schweiz (meine Eltern lebten dort), Anmelden in einer freien Privatschule, Streiten mit der Schule, ... Letztlich haben wir nachgegeben, da Jakob heftiges Nagelkauen anfing, was wir uns mit der die unklaren Situation „Schule ja/nein - Kinderladen ja/nein" erklärt haben.

Auf Anraten der Betreuer im Kinderladen wurden beide Kinder in eine gemeinsame Klasse eingeschult, da sie sehr unabhängig voneinander waren, eigene Freunde hatten und für Außenstehende niemals als Zwillinge aufgefallen sind. Die Musikschullehrerin fragte einmal, ob das

Geschwister sind, da beide auffallend fürsorglich waren, wenn der andere Probleme hatte. Über die Zwillingskonstellation war sie sehr erstaunt.

Die Einschulung war für mich persönlich ein schwieriger Tag, obwohl die Lehrerin einen sehr netten und kompetenten Eindruck machte. Ich habe ihr auch sofort mitgeteilt, dass unsere Kinder gegen unseren Willen eingeschult wurden und wir nach wie vor der Überzeugung sind, dass es falsch wäre.

Glück im Unglück: wir bekamen für beide Kinder einen Platz in einem Schülerladen um die Ecke. Bei den wenigen Stunden Unterricht im ersten Jahr hätten sie sich zu Hause „zu Tode" gelangweilt. Dort sind sie die ersten vier Jahre ihrer Schulzeit gerne gewesen. Wenn sie keine Lust mehr hatten, sind sie nach Hause gekommen.

Das erste Schuljahr war noch relativ einfach. Im zweiten Schuljahr fingen die Probleme an: Hella hat Stunden mit Hausaufgaben verbracht, während Jakob alle bereits in der Schule erledigt hatte. Lediglich „Schönschreiben" fand er „doof". Ansonsten musste er sowieso nichts machen - er hat bereits im ersten Schuljahr vorgelesen, konnte schnell rechnen und hat seine Grundschulzeit fast ausschließlich in der Spielecke verbracht.

Ende des ersten Schuljahres erklärte die Lehrerin, dass wir zumindest mit Hella Recht gehabt hätten: sie wäre einfach zu klein für die Einschulung gewesen, könne sich nicht konzentrieren und habe keine Ausdauer. Dabei sei sie eigentlich sehr ehrgeizig. Ende des zweiten Schuljahres hat sie uns dringend geraten, Hella untersuchen zu lassen, ob sie nicht gegebenenfalls aus der Frühgeburt einen Hirnschaden hätte.

Wir waren dann bei einer städtischen Facheinrichtung, die Hella von Kopf bis Fuß untersucht haben - nix gefunden, kein „Dachschaden". Es folgte eine psychologische Untersuchung, der bei unter anderem auch ein Intelligenz-Test gemacht wurde. Wir als ahnungslose Eltern haben das Gutachten überhaupt nicht verstanden, waren jedoch sehr erstaunt, dass Hella demnach in fast allen Bereichen 87 Prozent ihrer Altersgenossen übertroffen habe. Die extreme Unruhe von Hella sei als problematisch aufgefallen - gegebenenfalls wäre sie hyperaktiv. Uns wurde die Gabe von Ritalin „zum Testen" empfohlen.

Geschockt über den „lockeren" Umgang mit derartigen Drogen bei Kindern haben wir alternativ das „Beamtenprogramm" gestartet: ein Leben mit absoluter Regelmäßigkeit, pünktlichem Abendessen, fester Bett-, Lese- und Licht-aus-Zeit. Die Lehrerin von Hella hat sich auch sehr bemüht und sie aussuchen lassen, was sie machen wollte. Langsam stellte sich der Erfolg dann ein - Hella war wieder motiviert.

Als weiterführende Schule wurde uns die integrierte Gesamtschule empfohlen, da beide Kinder sicher den Anforderungen eines Gymnasiums nicht gewachsen wären. Überzeugt von dem Konzept haben wir beide Kinder dort angemeldet, jedoch dann in getrennte Klassen.

In dieser Zeit begann der große Wandel: unser selbstsicherer Jakob, den früher nichts erschüttern konnte, wurde ein schüchterner und ängstlicher Junge, der Magenschmerzen hatte, wenn er morgens in die Schule musste. Seine Schwester ist nach anfänglicher Trauer über ihre geliebte Grundschullehrerin nach einigen Wochen richtig aufgeblüht.

Wir haben in dieser Zeit viel gegrübelt und vermutet, dass unsere Kinder doch viel mehr „Zwillinge sind", als wir geahnt haben. Verunsichert erklärten wir uns die Situation damit, dass Jakob nur stark war, weil er seine „schwache" Schwester hatte. Und Hella wohl immer auf ihrem „starken" Bruder Rücksicht genommen hat. Jetzt in der weiterführenden Schule war das Gefüge aufgelöst und es herrschte Chaos. Auch machten wir uns Vorwürfe, dass wir trotz genauer Beobachtung nicht gemerkt hatten, dass sie doch sehr in Konkurrenz zueinander waren und eine genaue Rollenverteilung eingenommen hatten.

Aber wir dachten, das würde sich im Laufe der Zeit geben. Wie viele „Mut-Briefchen" mit „Zauber-Pillen" (Traubenzucker) ich unserem Sohn morgens in die Schultasche gesteckt habe, kann ich gar nicht zählen. (Sabine R.)

*) Teil 2 in ZWILLINGE - DAS MAGAZIN Ausgabe 25.

ZWILLINGSMUTTER: zurück in die Berufstätigkeit

Tipps und Tricks einer „Working Mom"

Vor allem für Mütter, die etwas länger ausgesetzt haben, ist der Wiedereinstieg ins Berufsleben spannend. Unsere Autorin Christiane Seeger („Mutter-Kind-Kur-Buch") hat es geschafft. Erstens, einen Job zu finden und zweitens, Haushalt und Familie so zu organisieren, dass es klappt.

Erstens: Verlängern Sie doch ganz einfach ihren Tag von 24 auf 36 Stunden. Wie, dass klappt nicht? Okay, dann müssen also andere Lösungen gefunden werden ...
Ich arbeite mittlerweile 30 Wochenstunden. Das ist fast Vollzeit, aber für mich ganz gut zu schaffen. Die Familie hat sich auch daran gewöhnt. Ich habe aber nicht ad hoc angefangen, so viele Stunden arbeiten zu gehen. Erst waren es nur ein, zwei Vormittage die Woche. Später kam noch ein Vormittag mit ehrenamtlicher Tätigkeit hinzu. Und immer wieder Urlaubsvertretungen, ein bis drei Wochen am Stück.
Das ist, denke ich, der sanfteste und beste Einstieg. Natürlich nicht für jede und jede Tätigkeit möglich. „Frau" muss sehen, das beste aus den gegebenen Möglichkeiten zu machen.

Gute Organisation ist Grundvoraussetzung

Das ist überhaupt eines meiner Hauptmottos. Mit etwas gesundem Pragmatismus kommt man auch sehr weit. Von dem Anspruch, die perfekte Hausfrau und Mutti zu sein, habe ich mich schon schnell verabschiedet. Ich bin top im Organisieren, war ich vorher schon und habe diese Eigenschaft mit drei Kindern noch weiter optimiert. Dieses wurde mir auch als eine wichtige Voraussetzung für meinen Job angerechnet!

Christiane Seeger hat nach einer langen Kinderpause wieder angefangen, zu arbeiten. Der Job beim Journalistenverband macht ihr Spaß. Natürlich muss zu Hause einiges anders organisiert werden. Aber das klappt hervorragend.

Wenn man an einem freien Tag den Kindern mal den Arbeitsplatz zeigt, verstehen sie eher, wo man immer ist und was man dort tut. Die Kollegen lernen im Gegenzug die Kinder kennen und entwickeln im besten Fall (mehr) Verständnis, wenn man pünktlich los muss etc.

Mithilfe im Haushalt muss sein.

Alle Personen, die in einem Haushalt wohnen, tragen einen Teil dazu bei. Für meine Kinder habe ich mir ein **Belohnungssystem** ausgedacht. Für verschiedene Arbeiten im Haushalt gibt es Punkte. Je unbeliebter und aufwändiger die Arbeit, desto mehr Punkte. Die Punkte werden gesammelt und beim Einkaufen gegen ein kleines Extra - eine Zeitschrift oder eine Süßigkeit - eingetauscht. Zuerst fand ein regelrechter Wettstreit um die Punkte statt ;-) Mittlerweile sammelt nur noch meine Tochter. Die beiden Jungs bekommen trotzdem Aufgaben zugeteilt.

Ab einem gewissen Alter können Kinder in ihrem Zimmer **selber für Ordnung sorgen**. Wenn der Fußboden vollgemüllt ist, sauge ich dort keinen Staub. Ich sehe das schon pragmatisch und schließe einfach die Tür! ICH muss in dem Zimmer ja nicht wohnen. Aber bei den restlichen Zimmern der Wohnung achte ich sehr darauf, dass nicht überall Zeug von jedem herumliegt. Auch wenn man die Aufforderung, das Zeug wegzuräumen, an die Tausend mal wiederholen muss ...

Jedes der Kinder hat ein paar Aufgaben. Maren ist die ältere Schwester von Torben und Henrik. Hier Torben und Maren.

Betten beziehen können auch schon Kinder! Auf Klassenfahrten und Jugendfreizeiten müssen sie das auch tun. Keine Lehrkraft bezieht 20 Betten ... Es wird vielleicht nicht so perfekt, aber zu zweit kriegen die Kids das schon gut hin! Feste Wochentage (bei uns der Samstag) fürs Aufräumen und Bettenwechseln helfen.

Mithilfe annehmen: Wenn jemand anders die Arbeit verrichtet, wird sie vielleicht nicht so perfekt ausgeführt. Damit nicht alles an einem selbst hängenbleibt, sollte man allerdings darüber hinwegsehen und sich helfen lassen!

Lob motiviert ;-) Wenn Kinder kochen oder backen wollen, gehört auch das Küche-wieder-aufräumen dazu. Klare Ansage im Vorfeld und auf die Einhaltung achten (trotz Gejammere)!

Einen **Wochenplan für das Kochen** aufzustellen, kann sehr hilfreich sein. Dieser dient dann auch als Grundlage für den Einkaufszettel. Jeder schreibt Dinge, die benötigt werden oder

Spaß am Nachmittag oder Verabredungen mit Freunden sind nur erlaubt, wenn auch die Hausaufgaben nicht zu kurz kommen. Hier Henrik.

aufgebraucht sind, auf den Einkaufszettel. Ich fahre zweimal die Woche mit dem Auto zum Einkaufen. Die eine Fahrt verbinde ich mit dem Abholen meiner Tochter und ihrer Freundin von der Nachhilfe und dem Hinbringen der Jungs zur Kinderfeuerwehr.

Sowieso plane ich Autofahrten sorgfältig. Aus Nachhaltigkeitsgründen fahre ich so wenig wie möglich. Das Mamataxi finde ich furchtbar! Es kostet zu viel meiner Zeit (und Geld noch dazu)! Fahrgemeinschaften sind eine gute Lösung. Meistens sind Freunde der Kinder bei den jeweiligen Vereinen, Veranstaltungen oder auch bei der Nachhilfe dabei. Dann kann man sich mit den anderen Eltern absprechen. Kinder können zum Beispiel gleich nach der Schule mit dem Bus mit zum Freund fahren. Wenn jeder mal dran ist, sehen alle Eltern die Vorteile und machen gerne mit!

Selbständigkeit von Kindern fördern: Was spricht dagegen, wenn ein Kind bei gutem Wetter mit dem Rad zum Kumpel fährt? Manchmal muss man den Kids auch nur einfach etwas zutrauen ... Neue Angebote werden bei uns auch im Hinblick auf die Erreichbarkeit (möglichst selbständig) ausgewählt.

Morgens sind meine Jung eine halbe Stunde alleine zu Hause, wenn ich auf dem Weg zur Arbeit bin. Ich stelle ihnen einen Wecker und mein Handyalarm erinnert mich daran, noch einmal sicherheitshalber zu Hause anzurufen. Bisher hat dieses System gut geklappt.

Auch Mittags sind sie eher zu Hause als ich. Das Schlimmste, was passiert, ist eigentlich, dass sie fernsehen und sich den Bauch mit Süßkram vollschlagen. Das gefällt mir natürlich nicht, aber ich kann damit leben. Sie wissen: Wenn die Hausaufgaben nicht erledigt sind, gibt es keine Verabredungen für den Nachmittag.

Zeitfresser finden und ausrotten: Es gibt viele Dinge, die Zeit in Anspruch nehmen (und eigentlich keinen Sinn haben). Surfen bei Facebook, sofortiges Beantworten von Emails, Spiele auf dem Handy/PC, Fernsehen etc. Klar, ich bin auch bei Facebook, aber man muss nicht dauernd gucken, ob es was Neues gibt. Einmal am Tag reicht völlig (oder einmalpro Woche).

Emails kann man ein- bis zweimal am Tag en Block abarbeiten. Bücher, die mich nicht überzeugen, lese ich nicht mehr zu Ende. Dafür ist mir meine Zeit zu schade.

Ich habe mir angewöhnt, öfters innezuhalten und mein Tun zu überprüfen. Viele Dinge macht man auf eine bestimmte Weise, weil man es schon immer so gemacht hat. Aber es ist nicht immer sinnvoll!

Zeit in den „Öffentlichen" (ÖPNV) nutzen. Ich fahre jeden Tag zweimal 45 Minuten mit der Straßenbahn. Diese Zeit lässt sich prima zum Zeitunglesen, Emails beantworten oder Blogtexte schreiben nutzen.

Abends bevor ich ins Bett gehe, bereite ich den Frühstückstisch vor. Morgens kommen dann nur noch die Sachen aus dem Kühlschrank dazu.

Kaffeemaschinen gibt es mittlerweile mit Timer. Bei einer alten Maschine erfüllt eine Zeitschaltuhr den gleichen Zweck. Meine Waschmaschine hat auch eine Zeitvorwahl. Waschen kann sie alleine und wenn ich nach Hause komme, ist die Wäsche fertig und kann aufgehängt werden. Abgehängte Wäsche bzw. Kleidung aus dem Wäschetrockner wird nach Personen sortiert. Socken zusammensuchen und Kleidung in den Schrank legen macht bei uns jeder selbst. Wäsche, die nicht ihren Weg in den Wäschekorb findet, wird nicht gewaschen!

Wenn alle mithelfen, ist die lästige Hausarbeit schneller erledigt. Dann kann man sich auch mal eine kleine Belohnung gönnen ;-). Das und Zeit miteinander zu verbringen motiviert doch am meisten! (Christiane Seeger)

Torben und Henrik sind eineiige Zwillinge. Haben sie früher gerne zusammen Quatsch gemacht, so tragen sie jetzt „Verantwortung", dass es zu Hause auch klappt, wenn ihre Mutter Christiane arbeiten geht.

Christiane Seeger ist nicht nur bei Journalistenverband fleißig. Sie hat auch unser Buch zum Thema Mutter-Kind-Kuren mit einem Text zum Bilderbuch (zum Ausmalen) bereichert.
In diesem Buch steht alles Wissenswerte zum Thema Kuren (auch mit Kindern).

Christiane Seeger, „Mutter-Kind-Kur-Wegweiser, 16,99 Euro, im gesamten Buchhandel, ISBN 978-3-927058-75-0

URLAUB MIT KINDERN: Die besten Bauernhöfe

Wohin im Urlaub mit kleinen Zwillingen und Drillingen? Immer wieder empfehlenswert ist ein Urlaub auf einem Bauernhof. Das Bauernhof-Urlaubsportal LandReise.de hat wieder einmal die beliebtesten Bauernhöfe in ganz Deutschland prämiert. Die Preisverleihung erfolgt auf der Grünen Woche.

Bereits zum 21. Mal hat das Bauernhofurlaubsportal LandReise.de in Form von Bewertungskarten und der Online-Bewertung wieder bei Gästen nachgefragt, welche Höfe auf der Beliebtheitsskala ganz oben stehen. Von September 2015 bis August 2016 nutzten Landurlauber in ganz Deutschland wieder diese Chance und teilten ihre persönliche Meinung über Ausstattung, Freizeitangebote, Verpflegung und Service auf den Ferienhöfen mithilfe von Beurteilungskarten vor Ort oder der Online-Bewertung mit, um den Gastgebern die Teilnahme am Wettbewerb „Beliebtester Ferienhof" zu ermöglichen.

Die Bewertung der Ferienhöfe erfolgte allein durch die Gäste. Neben den vier Kategorien Ausstattung der Quartiere, Freizeitangebote, Service und Genussfaktor „Essen und Trinken", die auch auf der Beurteilungskarte vor Ort zu finden sind, bietet sich bei der Online-Bewertung zusätzlich die Möglichkeit, ganz nach eigenem Ermessen und aus subjektiver Sicht die Unterkünfte zu beurteilen: Persönliche Kommentare zu Unterkunft, Verpflegung, Service, der Umgebung und vielem mehr können frei formuliert werden.

Den Gästen ist es somit möglich, nach Abschluss des Urlaubes eine sehr ausführliche Bewertung in eigenen Worten vorzunehmen. Dank dieser Bereitschaft zahlreicher Urlaubsgäste, ganz konkret und persönlich ihre Meinung zu äußern, haben sich Fleiß und harte Arbeit 2016 wieder für 12 Ferienhöfe in ganz Deutschland ausgezahlt.

Offiziell beglückwünscht wurden die Gewinner auf der Internationalen Grünen Woche im Januar 2017 in Berlin. Besonders spannend: Erst hier wird bekannt gegeben, wer unter allen Beurteilungen am besten abgeschnitten hat und so die Auszeichnung „Beliebtester Ferienhof Deutschlands" erhält.

Freuen dürfen sich folgende Höfe:

- **Baden-Württemberg**

Ferienhof „Hirschfeld" - Friedrich Hirschfeld, Teichweg 2, 72285 Pfalzgrafenweiler-Edelweiler, Tel.: 07445-2475, urlaub@ferienhof-hirschfeld.de, http://www.landreise.de/expose/ferienbauernhof-hirschfeld-1215/

- **Bayern**

"Geigerhof" – Peter u. Maria Sonner, Rieder Straße 2, 83671 Benediktbeuern,
Tel.: 08857-1298, Fax: 08857-899620, mariasonner@t-online.de, https://www.landreise.de/expose/geigerhof-521/

- **Brandenburg**

"Rüsterhof" - Elke Melchert, Sauener Str. 11, 15848 Rietz-Neuendorf OT Görzig
Tel.: 033672-72044, Fax: 033672-72037, info@ruesterhof.de, http://www.landreise.de/expose/ruesterhof-1468/

- **Hessen**

„Kinder-Märchenbauernhof Weidelshof" - Familie Günst, Weidelshof 1, 34311 Naumburg, Tel.: 05625-1754, Fax: 05625-922378, info@weidelshof.de, Internet: http://www.landreise.de/expose/maerchen-kinderbauernhof-ponyhof-weidelshof-k/

Die Drillinge putzen die Pferde vor dem Ausritt. Auf dem Bauernhof kommen Kinder den Tieren ganz nah.

Große und kleine Fahrzeuge ... obwohl die Zwillinge aus Ingolstadt noch klein sind, macht es ihnen großen Spaß auf dem Bauernhof. Auch dem Papa haben es die Traktoren angetan.

- **Mecklenburg-Vorpommern**

„Erlebnis-Bauernhof Kliewe" - Holger & Susanne Kliewe, Mursewiek 1, 18569 Ummanz/Insel Rügen, Tel.: 038305-8130, Fax: 038305-55569, Bauernhof-Kliewe@t-online.de, http://www.landreise.de/expose/erlebnis-bauernhof-kliewe-224/

- **Niedersachsen**

„Pension Eichenhof" – Ilse-Dore Röling, Lindenstr. 4, 29367 Steinhorst-OT Räderloh, Tel.: 05148-666, Fax 05148-43 79, webmaster@eichenhof-roeling.de, https://www.landreise.de/expose/pension-eichenhof--raederloh--213/

- **Nordrhein-Westfalen**

Ferienhof & Camping „Zur Hasenkammer" - Andreas Schmidt, Hasenkammer 4, 59964 Medebach, Tel.: 02982-8302, Fax: 02982-215, info@ferienhof-hasenkammer.de, http://www.landreise.de/expose/ferienhof-zur-hasenkammer-1253/

- **Rheinland-Pfalz**

„Kapellenhof" – Familie Regina und Günter Krämer, Wittlicherstraße, 54531 Manderscheid, Tel.: 06572-4408, Fax: 06572-92785, post@kapellenhof.de, http://www.landreise.de/expose/kapellenhof-718/

- **Sachsen**

„Gut Sommereichen" - Erika Busch, Gut Sommereichen 1, 02633 Gaußig, Tel.: 035930-53499, Fax: 035930-53497, info@gut-sommereichen.de, https://www.landreise.de/expose/gut-sommereichen-12575/

- **Schleswig-Holstein**

„Ostsee Ferienhof Bendfeldt" - Martin Bendfeldt, Brodauer Str. 23, 23730 Bliesdorf bei Grömitz, Tel.: 04562-22770, Fax: 04562-227722, info@ferienhof-bendfeldt.com, http://www.landreise.de/expose/ostsee-ferienhof-bendfeldt-861/

- **Thüringen**

„Ferienhof Wolschendorf"- Familie Wolschendorf, Köthnitz 11, 07819 Linda, Tel.: 036481-22792, raus@aufs-Land.de, https://www.landreise.de/expose/ferienhof-wolschendorf-12632/

Den beliebtesten Kinderhof wählten dieses Jahr wieder die kleinen Gäste. Zu finden ist dieser Hof in Schleswig-Holstein:

„Ferienhof Bracker" – Volker Bracker, Gnutzer Str. 2, 24594 Heinkenborstel, Tel.: 04873-203600, Fax: 04873-1548, info@ferienhof-bracker.de, http://www.landreise.de/expose/erlebnisbauernhof-volker-bracker-725/

LandReise.de ist eine Webseite zur Suche von Bauernhöfen und Landquartieren in Deutschland und Europa aus dem Verlag der LandLust.

Mehr auf dazu auf

www.landreise.de

Wo finde ich ein Quartier für einen Urlaub auf dem Bauernhof?

Urlaub auf dem Bauernhof ist „in" ... doch wo finde ich für meine Zwillinge, Drillinge und mich ein optimales Quartier? Eines, wo wir uns wohlfühlen, Kinder sicher und frei herumspringen dürfen, wo auch die Erwachsenen Spaß haben, wo Land und Leute zu uns passen? Also, wo rundherum alles stimmt? Hier einige Seiten dazu.

- www.bauernhofurlaub.de
- www.landreise.de
- www.landsichten.de
- www.bauernhof-urlaub.com
- www.mein-bauernhofurlaub.com
- www.bauernhofurlaub-bayerischer-wald.de
- www.roterhahn.it
- www.chiemsee-bauernhofurlaub.de
- www.kinderland-frankenhöfe.de
- www. bauernhof-urlaub.de
- www.urlaub-bauernhof.de
- www.bauernhofferien.de

Darüberhinaus gibt es viele regionale Angebote.

Und wo machen Sie Urlaub? Wir suchen dringend neue Beiträge für unsere Urlaubsrubrik. Einsendeschluss für Heft März/April 2017: 8. März 2017

Buch gegen Beitrag: Wenn Sie uns einen Urlaubsbeitrag schicken, dürfen Sie sich ein Buch als „Belohung" aussuchen.

UNSER BLOG: Neue Kommunkationswege

Unser Blog: Zwillinge machen kriegen haben

Wir sind auf „unsere alten Tage" unter die Blogger gegangen. Mit diesem Informationsangebot versuchen wir nicht nur, Zwillings- und Drillingseltern zeitgemäß zu informieren, sondern auch die zeitliche Informationslücke zu schließen, bis die nächste Ausgabe von ZWILLINGE - DAS MAGAZIN kommt.

Warum jetzt ein Blog? Warum nicht? Plötzlich hatte ich die Idee. Mit einem Blog könnte ich mehr Menschen erreichen und auch diejenigen, die den Printmedien vollkommen abgeschworen haben ...

Internet und Printmedien müssen jedoch keine Feinde sein, das eine kann das andere wunderbar ergänzen. Und mal ganz ehrlich: ein Buch nimmt doch immer noch gern zur Hand ...

Deshalb glaube ich, dass dieses zusätzliche Angebot für unsere „Internet-Junkies" ein Vorteil für uns alle sein kein. Für Sie, für Euch, weil Ihr dort Informationen erhaltet, die NICHT bei uns im Magazin stehen, für die Internet-User, weil sie auf diese Weise auf Zeitschriften und Bücher hingewiesen werden, die sie ja vielleicht doch lieber aus Papier erwerben wollen.

Aber: Kein Erfolg mit einem Blog, wenn die User und Follower, also diejenigen, die dort regelmäßig stöbern, nicht mitmachen.

Deshalb meine Bitte: Schaut auf das Blog
www.zwillingemachenkriegenhaben.de
Lasst Euch dort registrieren und macht einfach mit: Mit Kommentaren, mit Fotos, mit Ideen und indem Ihr andere darauf aufmerksam macht. Vielen Dank dafür!

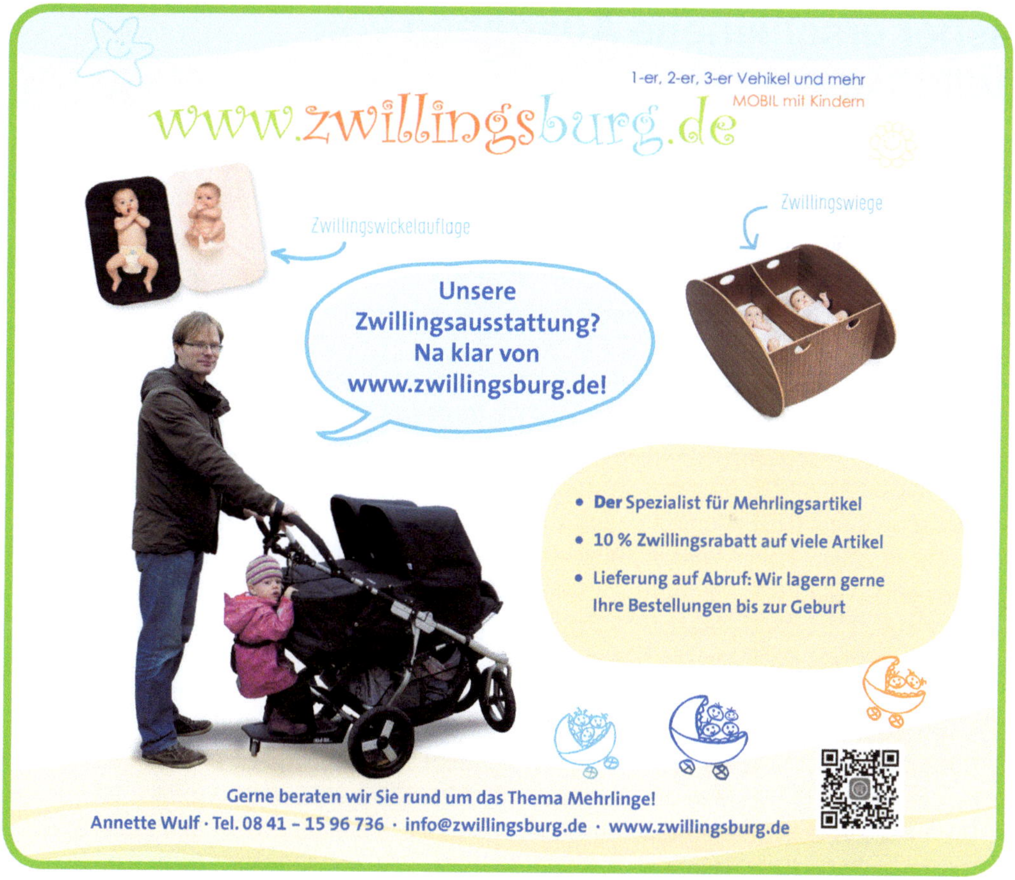
1-er, 2-er, 3-er Vehikel und mehr
MOBIL mit Kindern
www.zwillingsburg.de
Zwillingswickelauflage
Zwillingswiege
Unsere Zwillingsausstattung? Na klar von www.zwillingsburg.de!
• Der Spezialist für Mehrlingsartikel
• 10 % Zwillingsrabatt auf viele Artikel
• Lieferung auf Abruf: Wir lagern gerne Ihre Bestellungen bis zur Geburt
Gerne beraten wir Sie rund um das Thema Mehrlinge!
Annette Wulf · Tel. 08 41 – 15 96 736 · info@zwillingsburg.de · www.zwillingsburg.de

SCHÖNE MODE UND GESCHENKE
FÜR ZWILLINGE,
MÄDCHEN UND JUNGEN!
LiebZwei
DIE EINZIGARTIG SIND
www.liebzwei.de

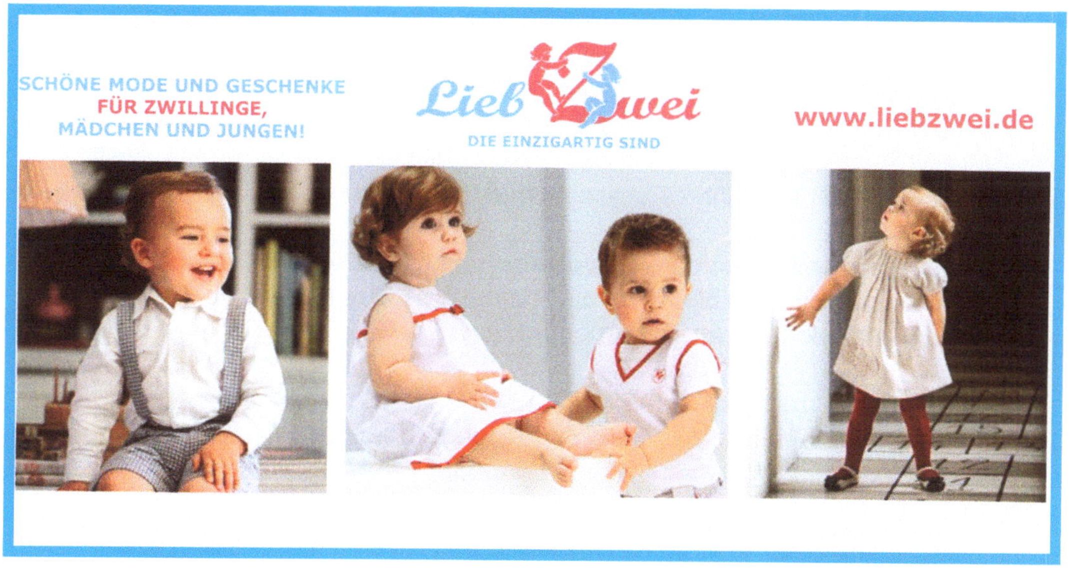

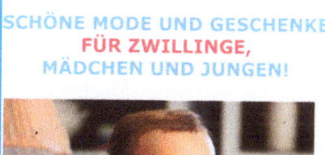

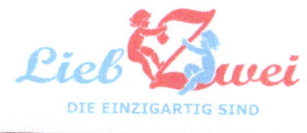

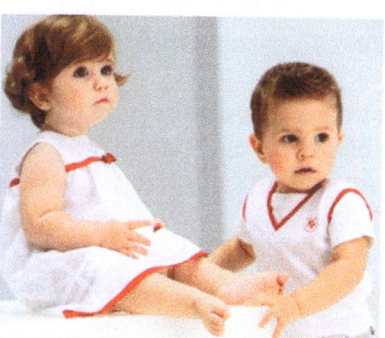

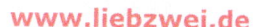

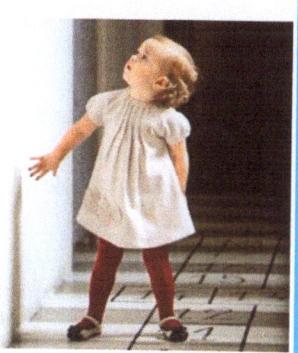

Bisher erschienene Ausgaben von ZWILLINGE – *das Magazin*

Folgende Ausgaben unserer neuen Zeitschrift sind jederzeit & immer zu haben unter www.twins.de und auf allen gängigen Internet-Buchbestell-Portalen. Als Buch für 9,90 €, als E-Book für nur 7,99 € (nur bis Ausgabe 17). Von Ausgabe 01 bis inklusive Ausgabe 20 wurde das Magazin unter dem Titel: „Das neue ZWILLINGE Magazin" veröffentlicht. Danach haben wir die Zeitschrift umbenannt, damit sie im Internet besser gefunden wird.

- Das neue ZWILLINGE Magazin - Ausgabe 01: ISBN 978-3-927058-22-4 (print 9,90 Euro)
- Das neue ZWILLINGE Magazin - Ausgabe 02: ISBN 978-3-927058-25-5 (print 9,90 Euro)
- Das neue ZWILLINGE Magazin - Ausgabe 03: ISBN 978-3-927058-28-6 (print 9,90 Euro)
- Das neue ZWILLINGE Magazin - Ausgabe 04: ISBN 978-3-927058-32-3 (print 9,90 Euro)
- Das neue ZWILLINGE Magazin - Ausgabe 05: ISBN 978-3-927058-36-1 (print 9,90 Euro)
- Das neue ZWILLINGE Magazin - Ausgabe 06: ISBN 978-3-927058-53-8 (print 9,90 Euro)
- Das neue ZWILLINGE Magazin - Ausgabe 07: ISBN 978-3-927058-60-6 (print 9,90 Euro)
- Das neue ZWILLINGE Magazin - Ausgabe 08: ISBN 978-3-927058-65-1 (print 9,90 Euro)
- Das neue ZWILLINGE Magazin - Ausgabe 09: ISBN 978-3-927058-67-5 (print 9,90 Euro)
- Das neue ZWILLINGE Magazin - Ausgabe 10: ISBN 978-3-927058-73-6 (print 9,90 Euro)
- Das neue ZWILLINGE Magazin - Ausgabe 11: ISBN 978-3-927058-79-8 (print 9,90 Euro)
- Das neue ZWILLINGE Magazin - Ausgabe 12: ISBN 978-3-927058-82-2 (print 9,90 Euro)
- Das neue ZWILLINGE Magazin - Ausgabe 13: ISBN 978-3-927058-84-2 (print 9,90 Euro)
- Das neue ZWILLINGE Magazin - Ausgabe 14: ISBN 978-3-927058-90-4 (print 9,90 Euro)
- Das neue ZWILLINGE Magazin - Ausgabe 15: ISBN 978-3-927058-93-4 (print 9,90 Euro)
- Das neue ZWILLINGE Magazin - Ausgabe 16: ISBN 978-3-927058-95-8 (print 9,90 Euro)
- Das neue ZWILLINGE Magazin - Ausgabe 17: ISBN 978-3-927058-97-2 (print 9,90 Euro)
- Das neue ZWILLINGE Magazin - Ausgabe 18: ISBN 978-3-927058-99-6 (nur print - 7,99 Euro)
- Das neue ZWILLINGE Magazin - Ausgabe 19: ISBN 978-3-927058-39-2 (nur print - 7,99 Euro)
- Das neue ZWILLINGE Magazin - Ausgabe 20: ISBN 978-3-927058-43-9 (nur print - 7,99 Euro)
- ZWILLINGE - DAS MAGAZIN - Ausgabe 21: ISBN 978-3-927058-46-0 (nur print - 7,99 Euro)
- ZWILLINGE - DAS MAGAZIN - Ausgabe 22: ISBN 978-3-743141-65-0 (nur print - 7,99 Euro)

**Jedes Magazin (Buch) 9,90 € portofrei im Internet oder plus Porto 1 €
über www.twins.de - bis Ausgabe 17 auch als E-Book 7,99 € bei Amazon
und anderen Portalen. Ab Ausgabe 18 nur noch in print-Version für nur noch 7,99 €.**

**Nächste Ausgabe: ZWILLINGE - DAS MAGAZIN -
Ausgabe 25 = März/April 2017 voraussichtlich ab 27. März 2017*)**

*) da das Heft bei Books on Demand produziert wird, können wir keinen definitiven Termin für das Erscheinen angeben, da wir auf die Produktionszeiten von BoD keinerlei Einfluss haben.